청소년·청년 부적응 문제행동 이해와 치유

BALANCING

청소년·청년 부적응 문제행동 이해와 치유 BALANCING

초판 1쇄 발행 2024년 7월 15일

지은이 이재규
펴낸이 장길수
펴낸곳 지식과감성#
출판등록 제2012-000081호

교정 정은솔
디자인 정은혜, 서혜인
편집 서혜인
검수 김지원, 정윤솔
마케팅 김윤길, 정은혜

주소 서울시 금천구 벚꽃로298 대륭포스트타워6차 1212호
전화 070-4651-3730~4
팩스 070-4325-7006
이메일 ksbookup@naver.com
홈페이지 www.knsbookup.com

ISBN 979-11-392-1986-9(03180)
값 17,000원

- 이 책의 판권은 지은이에게 있습니다.
- 이 책 내용의 전부 또는 일부를 재사용하려면 반드시 지은이의 서면 동의를 받아야 합니다.
- 잘못된 책은 구입하신 곳에서 바꾸어 드립니다.

지식과감성#
홈페이지 바로가기

청소년·청년 부적응 문제행동 이해와 치유

BALANCING

이재규 지음

부적응 문제행동 5요인 (Balance & Harmony)

- 신체
- 심리·마음
- 안전성
- 사회·환경
- 기질·욕구

고위험군 위기 청소년·청년과 그 가족이
경험하는 다양한 문제들을 돕기 위하여 시작되었습니다.

지식과감정#

구슬이 서 말이라도 꿰어야 보배

가을비가 내리는군.
저 멀리 파도 소리 빗물 소리….

나는 치유사이다.
나는 구슬을 꿰는 사람이다.
나는 아이들의 시간을 지켜 주는 코치다.
성장을 돕는 멘토다.
가족을 돕는 이웃이다.

지난 시간 나를 이끈 것은 내 맘에 살아 움직이는 그들의 애처로움이다. 그 마음이 나를 움직이는 동력이고 삶의 행복이다.

나는 아무것도 아니다.
그저 그들을 안고 어둠을 받아들이고 아파하고 정화하는 나그네.
잔잔한 파도처럼 편안하게 지켜 주기도 거친 파도처럼 몰아치기도….

나는 그들이 좋다. 어린 젊은 친구들을 보면 그들이 어떠한 모습이든 웃게 된다. 나도 모르게 그들 곁에서 그들의 성장을 돕는 조력자가 되어 버린다.

나는 성장기에 어렵고 힘든 다양한 문제를 경험하며 성장하였다. 나의 삶은 늘 문제를 해결하고, 이겨 내고, 편안한 삶을 추구하며 살아가는 인고의 시간이었다.

그래서일까, 방황하고 일탈하고 부적응하는 아이들에게 본능적인 끌림으로 다가가고 이것이 나를 성장시키고 지금의 나를 만들게 되는 에너지가 된 것이다.

현재의 나는 과거의 나를 업그레이드하고 아이들의 다양한 문제를 치유하기 위한 연구와 노력의 과정에서 형성되었다. 그러한 과정은 성장 과정에서 힘들어하며 이탈하는 친구들을 성장시키는 모델로 완성되었다.

나는 구슬을 꿰어 친구들의 인생을 보배로 만드는 모델이다.
청소년·청년기에는 '신체적·기질적·심리적·환경적·사회적' 요인에 대한 부적응 문제들로 인하여 무능감과 열등감, 좌절과 심리적 외상을 경험하고, 생각의 기준이 무너지는 혼란 속에서 '자기 인생이 다 무너지는 것' 같은 감당하기 힘든 경험을 하게 된다. 또한 '우울·불안'과 관련된 심리적 병증에 취약해진 상태로 '학교-직장-사회에 부적응'하게 되고, '심각한 회피와 굴복 그리고 잘못된 보상행동'을 하게 되며, 사회적 활동이나 관계를 회피한 채 심리장애와 정신장애를 동반한 은둔형의 모습을 보이기도 한다.

청소년·청년기의 아이들과 그 가족을 돕기 위한 임상과 연구를 통해 자극과 반응[1]하는 인간의 삶 속에서 '부적응 문제행동'을 일으키는 신체적 문제, 기질·욕구의 문제, 심리·마음의 문제, 사회·환경의 문제, 안전성 보상(이득)의 문제를 고찰하게 되었다.

도서 《청소년·청년 부적응 문제행동 이해와 치유(코칭편)》에서는 임상적 사례를 바탕으로 재구성한 사례와 해설을 통하여 부모나 보호자가 자녀들을 이해하고 변화를 위한 안내를 적절하게 할 수 있도록 돕기 위하여 심리치료 이론과 기법을 심도 있게 다루기보다는 메타포 방식의 부모교육 형식으로 이야기를 풀어 나가며 '기질적·심리적·신경과학적·의학적' 관점을 인용하여 설명하였다.

인간은 신체적·심리적·사회적으로 서로 영향을 주고받으며 기능하는 유기체(Organism)[2]이며, 이러한 연결 관계의 '균형과 조화의 기능'에 따라 안정되거나 부적응한 삶의 모습을 보이게 된다.

특히 '불안전-불완전-자기중심적'인 상태로 태어나서 '환경-양육-학습-경험'의 다양한 자극과 반응(S-R)을 하는 청소년과 청년기의 친구들에게는 정신[3]의 병리적인 문제보다 기질이 취약하고 성격이 미성숙하며

---

1. [용어 정리] 자극-반응(S-R, Stimulation-Response) : 내외부의 자극에 대한 반응
2. [용어 정리] 유기체(Organism) : 인간은 신체적·심리적·사회적으로 특정한 안정상태를 유지하려는 항상성을 가지고 있으며, 이러한 요인들이 서로 연결되어 영향을 주고받으면서 균형과 조화의 기능이 자율적으로 기능하는 존재이다.
3. 정신은 '마음과 몸을 합친 것'으로 정신장애는 '마음과 몸의 장애'를 의미한다.

몸과 마음의 균형과 조화의 기능이 깨진 상태에서 (자신과 세상에 대해) 발생되는 '부적응 문제행동'이 대부분이다.

본 저서는 부적응 문제행동의 원인과 과정 그리고 치유에 대해서 고찰하고자 전편(코칭편)의 내용을 근간으로 부적응 문제행동 5요인을 살펴보고, 요인별 균형이 깨지면서 부조화가 발생하는 문제에 대해서 '기질적·심리적·신경과학적·의학적' 관점을 참고하여 균형(Balance)을 회복하고 조화(Harmony)를 이루는 상담 과정과 심리치유 기법을 심도 있게 다루고 있다.

저서 전반에 설기문마음연구소 대표 설기문 박사의 'NLP&최면적 치료' 기법과 한국심리교육원 김범영 대표의 《마음이론》, 하우투라이프 이재진 대표의 '변화심리학', 미국 워싱턴대학교 정신과 교수 C. R. Cloninger 박사의 'TCI'와 에니어그램심리연구소 소장 이은하 박사의 'EPDI'를 참고하였으며 부모나 보호자가 쉽게 접하고 이해할 수 있도록 '강연가 밥 프록터, 조 디스펜자 박사'의 도서 내용 중 일부, '김범영 대표, 김문주 대표원장'의 도서 및 유튜브 방송 내용 중 일부, '서수연 박사가 출연한 유튜브 안될과학, 유튜브 브레인프로, 유튜브 정신과의사 뇌부자들'의 유튜브 방송 내용 중 일부를 소개하였고, 관련 도서 및 유튜브 영상을 추가하여 기술하였다.

일러두기

1. 독자의 이해를 돕기 위한 임상적 사례를 바탕으로 재구성한 사례와 해설에는 생물심리사회모델, NLP&최면적치료, 《마음이론》, 욕구이론, 변화심리학, 신경과학 등의 다양한 이론과 기법이 해설에 통합되어 작성되었으며 등장인물의 성별, 나이, 사건 등은 실제와 다르게 구성하였다.
2. 도서 및 간행물 《》, 방송 및 유튜브 ◇로 표기했다.
3. 약어 : ref.(참조하다, reference)

※ 본 저서의 내용에 '수정' 및 '변경'이 필요한 경우 연락해 주시면 개정하겠다.

목차

구슬이 서 말이라도 꿰어야 보배   4
일러두기   11

1장. 몸과 마음의 운영

1. 몸·심리·마음의 기능과 고장   16
    - 미숙한 성격적 문제를 보이는 그룹 고찰 ② Human E Balance   19
    - 심리적·정신과적 문제를 보이는 그룹 고찰 ① 의식·무의식, 심리와 마음   30

2장. 부적응

1. 부적응 문제행동 5요인   46
2. 청소년·청년 문제행동 Flow Tree   50
    1) 품행 문제를 보이는 그룹   51
       ① 환경과 반응   60
       ② 신경발달장애   81
       ③ 지능발달과 저성취   93
    2) 미숙한 성격적 문제를 보이는 그룹   96
       ① 생물학적 기질, 성격적 기질   110
       ② Human E Balance   112
       ③ 사회적 vs 성격적 욕구의 불일치, 마음과 행동의 메커니즘   113
    3) 몸이 마음이 되어 버린 그룹   116

① 자신이 되어 버린 습관(길들여진 몸과 마음) ... 116
② 몸이 마음이 되다(Body-Mind) ... 121
4) 심리적·정신과적 문제를 보이는 그룹 ... 127
① 의식·무의식, 심리와 마음 ... 127
② 필터, 부정적 자아상의 보상·행동 ... 128
③ 신체와 관련된 자율신경실조 ... 134
5) 전반적인 문제를 보이는 그룹 ... 141
① 의존 안전성 보장(이득) ... 141
- 은둔형 ... 143

3장. 상담과 치유 그리고 멘토링

1. 인간의 삶, 성장과 치유의 과정 ... 156
- 심리와 마음과 몸의 항상성 ... 160

2. 구분하자, 상담과 치료 ... 162
- 트랜스 치유 Trance Therapy ... 163
- 구분하자 '심리상담 vs 심리(마음)치유' ... 166
- 청소년·청년 발달 수준 구분과 특징 ... 168
- 구분하자 '최면 쇼 vs 트랜스 상담·치유' ... 172
- NLP&최면적 심리치유 ... 175

3. 성장하는 아이들을 위해서 ... 179
- 상담 후견인 ... 183
- 습관·성격 바꾸기 ... 185

부록

1. 사례별 치유 상세 소개 … 192
〈사례 1. 불안장애 청년〉 … 192
〈사례 6. 무서워!〉 … 199
〈사례 13. 색안경 소녀〉 … 214

2. 중독과 강박 … 225
〈사례 15. 강박, '씻기 중독'〉 … 225
- 중독과 강박 … 230
- 중독적 행동·습관 바꾸기 … 233

3. 주로 사용된 NLP 기법 … 237
- 연합과 분리 … 238
- 앵커링(Anchoring) … 240
- Domino Interrupt … 242
- 하위양식 변화기법 … 243
- 휘익기법(Swish Patterns) … 249
- 손바닥 비비기(Visual Squash) … 250
- 6단계 관점 바꾸기(Six-Step Reframe) … 251
- 시간선치료(Time Line Therapy) … 256
- 메타모형 Ⅲ (Meta 3) … 261
- EFT (Emotional Freedom Technique) … 261

4. Self Training Check List … 262
5. 사례 List … 264
6. 참고 문헌 및 방송 … 266

감사의 말 … 270

1장

몸과 마음의 운영

1. 몸·심리·마음의 기능과 고장

〈사례 1. 불안장애 청년〉

평화로운 늦은 오후, 노모와 30대 청년이 방문하였다. 유명한 심리상담소에서 4~5년간 상담을 하고 구직활동을 하는 중이라고 한다. 얘기를 나눈 지 20분이 지나는 무렵, 갑자기 손을 점점 떨기 시작하면서 얼굴색도 붉어져 가고 있었다.

상담사 : 지금 긴장, 초조, 불안하니?
내담자 : 네.
상담사 : 불안 1~10점 중, 점수로 표현하면?
내담자 : 8.
상담사 : 이 불안이 물리적 문제니? 심리적 문제니?
내담자 : 심리적….
상담사 : 지난 시간 동안 심리상담을 했다고 했는데, 현재 증상이 좋아진 상태니?
내담자 : 조금….

(이 친구에게 5년이란 시간과 삶이 낭비되어 버린 상황을 안타깝고 화나는 마음으로 바라보고 있었다.)

상담자 : 의지만 있다면, 불안 관련 증상에 대해서는 심리치유 5회기 정도면 해결될 수 있어.
내담자 : (믿지 못하는 표정으로….)

초기 상담에서 어린 시절부터 청소년기에 이르기까지 경험한 괴롭힘과 따돌림 그리고 충격적 사건들로 인한 낮은 자존감과 피해의식, 열등감과 무능감, 우울감과 부정적 자아상 등의 미성숙한 상태에서 청년기를 보내면서 자기 비하와 혐오로 점점 더 고통과 불안 속에서 침습적 사고로 인한 강박과 신체적 증상을 보여 주고 있었다.

이 친구는 살아남기 위해, 놀란 토끼 마음으로 용쓰며 버티고 있었다.

예) "나는 나쁜 존재로 태어났다."
"조금만 어려우면 스트레스가 심해지고 혼나면 너무 힘들고 무섭다."

내담자는 실수하지 않으려고, 완벽주의적이고 강박적인 사고와 행동을 보이고 있었다.

사실 일반적으로 심리적 원인의 불안과 증상을 다루는 문제는 의식과 무의식을 함께 다루는 심리치유에서 경증에 해당하며 3~5회기 사이에서 종결되는 것이 정상적이다.
다만 무의식적 요인이나 환경요인, 성격적인 요인들이 영향을 미칠 수도 있기에 추가적인 상담 여부는 5회기 이후에 논의하기로 하고 진행하였다.

5회기(회기당 3시간)를 마치면서, 내담자는 "그동안 사기당했네요."라고 말했다. 지금은 불안장애 관련 증상이 없다고 했다.

[설명]

이 친구에게는 'NLP&최면적치료'[4] 심리치유를 통하여 짧은 시간 동안에 의식의 상처와 트라우마를 제거하고 내면에 긍정심리가 기능하도록 하였으며, Human Energy Balance[5]를 유지할 수 있도록 이완훈련을 일상에서 진행하도록 하였다. 그리고 위기 상황에서 심신의 상태를 안정상태로 만들고 유지할 수 있도록 안정훈련 '상태전환 Shift'[6] 훈련을 5회기 내내 트레이닝하였다.

성격적으로 의존적이고 외톨이적 요인이 있고 취업 후 일상에서 발생하는 다양한 문제를 개선하고 자신을 업데이트하기 위해서 고착된 습관과 성격을 바꾸는 '성격·습관 바꾸기 Training'을 심리상담 형식(1회기 1시간, 월 2~4회)으로 6개월 진행하기로 하였다.

---

4. 'NLP, 최면, 시간선치료™'를 함께 사용하여, 마음(의식+무의식)의 변화를 위하여 통합적으로 적용
   ① NLP(Neuro Linguistic Programing, 신경언어프로그래밍) : 무의식에 각인된 부정적인 마음·행동·사고를 긍정적이고 원하는 방향으로 재프로그래밍하는 기법, 의식과 무의식 상태에서 동시에 사용 가능
   ② 최면치료 : 최면상태에서 인지치료, 행동치료, 정신분석 등의 치료기법 등을 적용
   ③ 연령퇴행, 시간선치료™ : 과거 사건 당시의 경험을 더욱 생생하게 감정과 느낌이 강화되어 경험할 수 있고, 암시를 통해 변화될 수 있으며, 개인의 잠재의식 속에서 그려지는 과거-현재-미래를 잇는 시간선을 활용하여 심리치료 및 자기 계발과 자기 성숙을 위하여 적용
5. [용어 정리] Human Energy Balance : 자극과 반응의 관점에서 인간이 자극에 반응하는 최초의 시작점(전원, Enneagram Power)을 Think·Emotion·Behavior로 본다. 각각의 요소들은 균형과 조화를 유지하며 고유의 기능(function)을 수행하고 있어야 우리는 건강한 상태를 유지하게 된다. 그러나 3요소 중에 특정 영역이 무리하게 집중된 반응을 하게 되면 전체 균형이 깨지게 되고 심리적·신체적 부적응을 경험하게 된다.
6. [용어 정리] 상태전환 Shift : 급격한 Stress 위기 상황에서 Human E Balance가 깨지면서 심신이 무너지는 것을 막기 위해 이완훈련을 통하여 내 상태를 순간적으로 '0(Zero)'으로 만드는 과정이며, 이어서 positive 상태로 이어 갈 수 있다.

⇒ *미숙한 성격적 문제를 보이는 그룹 고찰*
　② *Human E Balance*

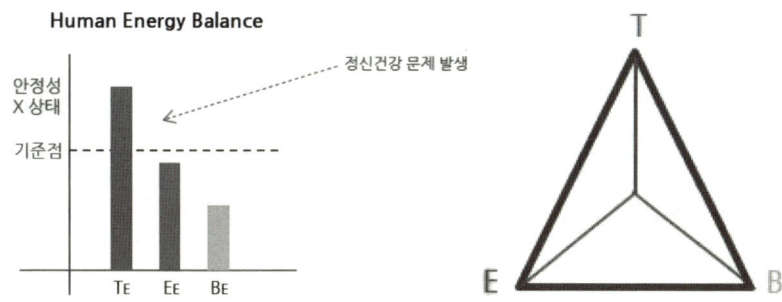

　내담자는 고통과 불안을 통제하기 위해서 늘 부정적 사고를 하고 부정적 정서에 휩싸여 자신이 사용할 수 있는 고유 에너지를 대부분 자신을 유지하는 데 낭비하고 있었다.

　너무 속상해하고 너무 많이 침습적 생각에 빠져 있어 작은 자극에도 쉽게 마음의 기능(function)이 무너지고 심리적·신체적 증상으로 연결되고 있었다.

　생각해 보자! '우리가 바퀴가 3개 달린 삼각형 차를 운전한다'고 가정하자. 각 바퀴의 이름은 사고(Think, T), 정서(Emotion, E), 행동(Behavior, B)이다.
　현실에서도 그렇듯이 바퀴의 공기압이 적절하게 균형이 맞아야 삼각형 차는 정상적인 방향으로 기울어지지 않고 운행할 수 있다. 만약 우리가 온종일 힘든 일을 해서 행동(Behavior) 에너지가 소진되면 우리는 무기력하게 늘어지고 우울하게 될 것이다. 삼각형 차도 마찬가지로 공기압이 빠진 부분이 기울면서 자신의 주행선을 이탈하게 될 것이다.

 우리의 몸은 낮에 일하고 밤에 잠을 잔다. 낮에 긴장 상태에서 활동하고 밤에 이완 상태로 휴식과 충전을 한다. 이처럼 우리가 생각을 너무 많이 하거나, 너무 슬퍼하거나, 너무 지나치게 몸을 쓰면 지치고 무기력해진다. 그래서 아무것도 할 수 없는 상태가 되어 외부나 내부 자극에 대하여 정상적인 반응을 하지 못하게 된다. 자신을 조절하고 통제하는 능력이 떨어지게 되는 것이다.

 일상에서 몸이 회복하고 충전하듯이, 우리의 삶의 중요한 TEB 기능도 긴장과 이완 상태를 유지하면서 균형(Balance)을 유지해야 한다. 또한 급격한 스트레스 위기 상황에서 TEB가 무너지는 것을 막기 위해 이완훈련을 통하여 내 상태를 순간적으로 '0(Zero)' 상태로 이동시키는 '상태전환 Shift' 훈련도 필요하다.

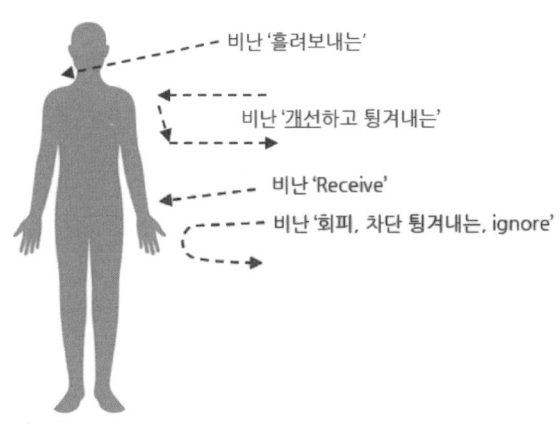

이렇게 내 심신이 균형의 안정상태로 유지되는 경우에는 주변의 시선이나 비난 등의 부정적 자극에 대해서도 흘려보내거나 튕겨 낼 힘이 생기기 때문에 스스로 자기를 조절하고 강화하는 경험을 하게 되어 낮은 자존감과 무능감으로부터 회복될 수 있다.

이번 사례에서 보듯이 많은 심리문제를 경험하는 대상자와 보호자들이 잘못된 정보로 형성된 익숙한 상식으로부터 비합리적인 선택을 하여 의식과 무의식 그리고 습관을 다루어야 하는 문제에 대해서 인지적인 기분전환(Healing)과 행동치료 상담만 진행하여 인생에서 소중한 시간과 비용을 낭비하는 경우를 많이 보게 된다.

심리문제(마음문제)[7]를 경험하는 대부분의 사람들은 문제가 발생되고 치유되어야 하는 부분과 상담의 다양한 분야에 대한 이해 없이 무조건 심리상담소를 방문하고 지속해서 다니는 경향이 있다.

예를 들어 다양한 심리적·정신과적 원인으로 배가 아플 수도 있는데 단순하게 내과만 반복적으로 다니는 경우를 보게 된다. 하지만 병원을 다님에도 낫지 않는다면 근본적인 원인을 찾거나 필요에 따라서 전과를 해야 한다.

---

7. 심리와 마음은 다르다. 다만, 상식적 측면에서는 같은 의미로 사용되고 있다. 이후에 독자의 이해를 돕기 위해 필요에 따라 구분하여 설명을 진행한다.

〈사례 2. 강아지 공포증〉
심리적·정신과적 문제를 보이는 그룹 by 심리·마음

재밌는 고3 친구, '지속적인 거짓말 문제'로 방문하여 심리치유를 마치는 날.

내담자 : 강아지 무서워요. 못 만져요.
상담자 : 예전에 관련된 트라우마 경험이 있니?
내담자 : 예전에 물린 적 있어요.
상담사 : 고치고 싶니? 강아지 만지고 싶니?
내담자 : 네.
상담자 : 잠깐 눈 감아 봐, 선물 줄게.

(중략)
상담 종결 후, 어느 날….

내담자 부모 : 선생님, '아이가 갑자기 강아지와 놀아요!'

심리학적 관점에서 우리는 이미 지나간 사건과 아직 오직 않은 사건을 걱정하거나 해결할 수 없는 문제를 떠올리면서 점점 더 깊은 불안을 경험하고, 스트레스와 상처에 대하여 최악의 시나리오로 대비하고 감정적으로 수용한다. 그리고 두려움을 찾고 두려움에 휩싸여 온몸이 두려움에 빠진다.

즉 잠재의식(뇌 신경회로 기억)에 저장된 익숙해진 부정적인 걱정·경험을 회상(reCall)하여 과거 불행 기억에 사로잡히고 미래 불안에 빠지는 것이다.

우리의 '경험 구조와 심리의 메커니즘'은 최초 혹은 특정한 경험의 흔적을 남기고 무의식에 기억이란 형태로 '사실과 감정'이 저장된다. 그리고 유사한 자극이나 단서를 만나면 기억된 내용이 표출되면서 과거에 기억된 그대로 재경험된다.

예) 트라우마, 공황장애 등

'3살 버릇 여든까지 간다'는 속담은 '한번 형성된 습관은 나이가 들 때까지 오래간다'는 뜻으로, 이렇게 무의식적 프로그램으로 형성된 습관은 인생 전반에 걸쳐 지속해서 영향을 미치고 있다는 것을 의미한다.

'자라 보고 놀란 가슴 솥뚜껑 보고 놀란다'는 속담에서 보듯이 한 번의 경험으로 입력되어 프로그램이 만들어지면서 자라와 유사한 자극이나 단서를 만날 때, 즉 솥뚜껑을 만날 때, 자라 보고 놀랐던 사건의 기억과 감정이 되살아나면서 당시 놀랐던 가슴 두근거림과 식은땀 나던 것이 그대로 재현되어 경험될 수밖에 없다.

강아지 공포증으로 귀여운 강아지를 만지거나 다가가지 못하는 아이가 있다고 생각해 보자. 이 아이가 놀이터에서 강아지를 보는 순간, 아이는 과거의 물린 트라우마에 대한 회상과 재현 경험으로 무서움과 공포에 사로잡혀 버린다.

만약 강아지 공포증 아이의 물린 기억이 장난감 강아지가 무는 기억으로 바뀌면 어떻게 될까!

기억된 사실이나 감정이 변하게 된다면 어떻게 될까!

필자는 거짓말쟁이 청소년의 상담 종결을 하는 과정에서 아이가 강아지를 만지지 못한다는 사실을 알게 되었을 때 동의를 얻어 강아지에게 물린 공포 경험을 '장난감 강아지 놀이 경험'으로 대체하여 공포증을 치료했다. (소요되는 시간은 10분이었다.) 즉 현재의 삶에 부정적인 영향을 미치는 사건의 기억과 감정을 새롭게 바꾸어 무의식에 형성된 프로그램을 재프로그래밍(rePrograming)하여 원기능을 회복한 것이다.

생각해 보자!
나의 진정한 주인은 누구인가? 머리인가? 마음인가?

말과 기수가 함께 가고 있을 때 기수가 달리고자 말을 채찍으로 때리고 몰아붙일 수는 있지만 말이 거부한다면 어떻게 될까?
우리가 의식적으로 나아가려고 하지만 무의식이 저항한다면 어떻게 될까?

의식인 기수는 아무것도 못 하고 떨어져 만신창이가 될 것이다. 기수는 말과 함께 통합되어 가야 한다. 말을 잘 조절하고 관리하면서 자기 뜻대로 함께 길을 가야 한다.

우리는 무의식을 완전히 통제할 수 없다. 조절하고 관리하면서 마음이 건강한 상태로 삶을 살아가야 한다.

〈사례 3. 틱 청년〉
심리적·정신과적 문제를 보이는 그룹 by 신체, 심리·마음

　수년간 틱(TIC) 증상으로 병원과 한의원 치료를 받은 내담자가 수원에서 찾아왔다. 말하는 도중에도 무릎이 가슴까지 올라갈 정도로 심한 상태였다.
　성장 과정에서 공포, 불안, 상처의 트라우마, 틱 관련 문제로 어려움과 피해의식을 경험하였으며, 일상생활에서 틱, 불안, 강박, 건강 염려 등의 증상들로 불편함을 호소하고 있었다.
　틱은 초등 3학년 이후에 발생하였으며 외부 활동에서의 스트레스나 불안한 상황에서 증상이 더욱 심해지며, 이로 인해 외부와 단절된 채로 살아가는 은둔형의 모습을 보여 주고 있었다.

상담사 : 물리적 문제니? 심리적 문제니?
내담자 : 심리적 문제요.
상담사 : 어떻게 아니?
내담자 : 병원도 다녔고, 현재도 유명한 한의원에서 치료받고 있는데 조금 좋아지긴 했지만….

(중략)

상담사 : 지금 겉으로 봐서는 불편한 증상이 없어 보이는데, 말하는 지금도 자기 조절 훈련을 하고 있니?
내담자 : 네.

이 친구는 스스로 자기 마음 상태 조절을 통하여 자신의 증상이 이제는 사회생활을 하는 데 문제가 되지 않는 정도가 되었다.

이 친구에게 트랜스 상태(Trance State)[8]에서 심리치유(총 20회, 1회 3시간)와 상담 및 코칭(필요시 Training 강화)을 병합하여 무의식 측면의 부정적 정서와 제한적 신념을 제거하고 의식적 측면의 생각 기준을 개선하며 틱(TIC)을 유발하는 불안 관련 요인들을 소거하였다. 또한 외부 자극에 대한 부정적 반응을 일으키는 자동화된 습관을 치유하기 위해 S-R 반응 개선 훈련과 침습적 사고 우회 전략 훈련을 진행하였다.

집을 허물고 다시 짓듯이 마음의 의식적·무의식적 측면을 리모델링하였으며 행동적 측면을 재설정하였다.

> [설명]
> 심리·마음 문제가 불안장애나 공황장애와 같이 몸을 지배하는 현상을 이해해 보자. 우리는 원효대사의 일화를 통해 일체유심조, 심신 일관성에 관하여 이미 알고 있다. 그러나 우리가 아무리 마음을 다르게 먹는다고 해도 내 안에 일어나는 생각이나 느낌은 여전히 통제하기 어려운 게 현실이다.
> 강아지가 무서운 아이에게는 아무리 맘을 다르게 가져 보라 해도 여전히 강아지는 무서운 것이다.

---

8. [용어 정리][163쪽 참고] 트랜스 상태(Trance State) : 의식의 변화, 지각의 변화와 같은 심리적·생리적 변화를 심리치유에 이용할 수 있는 상태(의식상태&최면상태)

심리치유 관점에서 내담자는 틱 증상으로 인한 부정적 생각과 느낌(좌절감, 무능력, 무력감, 수치감, 열등감 등)이 들게 되었다. 이런 (실제적인 증상의 경중과 관계없이) 상황이 반복되어 불편한 생각과 느낌이 드는 순간마다 인지되고 기억된 불편한 감정을 처리하는 과정에서 심리문제가 발생하였고, 무의식적인 반복적 학습으로 프로그래밍이 되어 굳어지고 습관으로 형성된 잠재의식적 프로그래밍 반응이 신체적 표현을 더욱더 강하게 드러내고 있는 것이다.

그래서 내담자의 내면에 형성되어 문제를 일으키는 정형화된 프로그램에 변화를 주거나 제거하기 위하여 트랜스 상태에서 (NLP&최면적치료 중심으로 다양한 이론과 기법을 병행하여) 의식적·무의식적 치유작업을 진행하여 자기 몸과 마음에서 발생하는 현상이나 증상들을 스스로 조절하고 통제하여 일상생활에서 불편감을 해소하고 안정감과 안정상태를 유지할 수 있게 하는 것이다.

신경과학 관점에서 뇌신경과학자 조 디스펜자는 저서 《브레이킹, 당신이라는 습관을 깨라》[9]에서 '감정(느낌)과 몸의 관계'에 대해 이렇게 언급하고 있다.

---

9. [도서] 조 디스펜자, 《브레이킹, 당신이라는 습관을 깨라》, 편기욱 역, 샨티, 2021
〈참고〉 [유튜브] [책추남TV] 책 추천해, "[재출간] 새로운 나, 새로운 미래, 새로운 운명을 창조하라! | 조 디스펜자의 브레이킹 | Breaking the Habit of Being Yourself", https ://www.youtube.com/watch?v=PD5WBqFp8Rk

감정은 과거 경험들의 최종 결과물이다. 어떤 경험의 한가운데에 있을 때 뇌는 다섯 가지 감각(시각, 후각, 청각, 미각, 촉각)을 통해 외부 환경으로부터 필수 정보를 받아들인다. 누적된 감각 정보가 뇌에 도달하면 신경 세포망은 그것들을 가지고 외부 사건을 반영하는 특정 패턴을 형성한다. 그 순간 뇌는 화학 물질을 분비한다. 이 화학 물질을 감정 혹은 느낌이라고 부른다. (나는 이 책에서 '느낌feeling'과 '감정emotion'이라는 단어를 섞어 쓰고 있다.)

감정이 몸을 화학적으로 가득 채우기 시작하면 우리 안의 질서에 무언가 변화가 생긴다. (우리는 방금 전과 다르게 생각하고 느낀다.) 내부 상태의 변화를 알아채는 순간, 우리는 자연스레 외부 환경의 무엇이 그런 변화를 불러일으켰는지에 주의를 기울일 것이다. 내부에 변화를 가져온 것이 무엇인지 외부에서 찾아내면 우리는 그것을 '기억'한다. 신경학적·화학적으로 그 환경 정보를 뇌와 몸속에 암호화하는 것이다.

- 3장, '중독된 기억 : 과거에 사로잡힌 미래'에서

사람들이 모르고 있는 사실이 있다. 우리가 아주 강렬한 감정적 경험을 떠올릴 때 뇌는 그것을 경험했던 예전과 똑같은 순서와 패턴으로 작동하기 시작한다는 사실이다. 우리는 뇌의 회로를 과거에 만들어진 네트워크에 더 강하게 연결시킨다. 아울러 그 순간에 그 사건을 실제로 다시 경험하는 것처럼 동일한 화학 물질을 (정도는 다르지만) 뇌와 몸속에 만들어낸다. 이 화학 물질이 그 감정을 더 잘 기억하도록 몸을 길들이기 시작한다. 함께 발화하고 연결되는 신경 세포들은 물론이고 생각과 느낌의 결과로 생성되는 화학 물질들까지 모두 마음과 몸을 정형화된 자동 프로그램에 따라 작동하도록 조건화한다.

- 3장, '변화는 왜 이렇게 힘든 것일까?'에서

위의 사례들을 통해서 청소년과 청년에게 생기는 다양한 문제와 적절한 해결 방안에 대해 고찰해 보자.

⇒ 심리적·정신과적 문제를 보이는 그룹 고찰

① 의식·무의식, 심리와 마음

- 의식·무의식 -

《밥 프록터 부의 원리》[10]에서 '의식과 잠재의식 이해'에 대해 도움이 되는 내용이 있어서 소개한다.

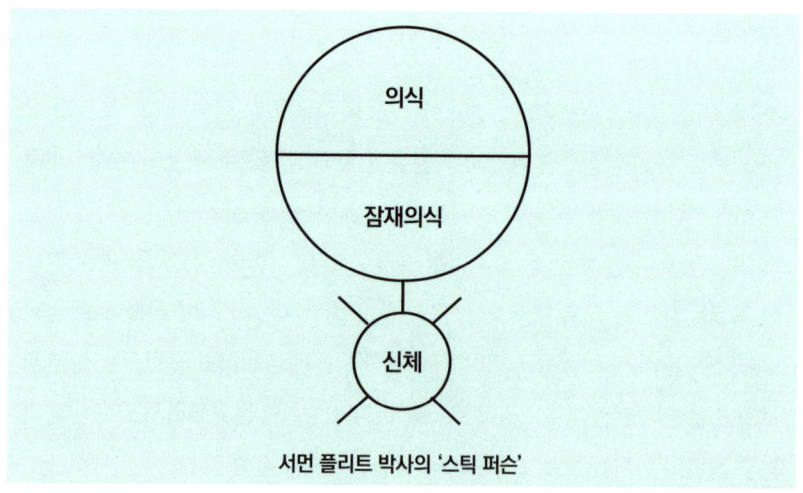

10. [도서] 밥 프록터, 《밥 프록터 부의 원리》, 이재경 역, 윌북, 2023

가장 큰 원은 보이지 않는 마인드를 나타내고, 아래의 작은 원은 신체 또는 행동을 나타낸다. 윗부분의 큰 원, 즉 마인드는 의식과 잠재의식으로 나뉜다.

의식은 우리가 외부 세계에서 온갖 정보와 경험을 받아들이는 영역이다. 새로운 아이디어와 사건이 의식으로 들어오면 우리의 의식이 그것을 수용할지 거부할지 선택한다. 다시 말해 의식은 주변 환경에서 당신에게 오는 여러 아이디어와 사건을 거르는 필터다. 이 필터는 당신이 몰입하고자 하는 아이디어와 사건을 선택하게 해 준다.

(중략)

의식은 경비대고 문지기다. 의식은 당신이 어떤 아이디어에 감정적으로 몰입할지, 어떤 이미지에 반복적으로 노출될지 능동적으로 선택하게 해 준다.

잠재의식은 '감정적' 마음, 다시 말해 '느끼는' 마음이다. 고대 그리스인들은 이를 '마음들의 마음'이라고 불렀다. 잠재의식은 의식이 내리는 모든 명령에 오직 하나의 대답만 할 수 있다. 그 대답은 "예!"다. 잠재의식은 의식으로부터 들어온 아이디어를 모두 받아들이고, 이를 당신의 믿음에 통합시킨다.

잠재의식은 생각을 거부할 능력이 없다. 들어오는 생각을 모니터링해 부정적 생각이 접근할 때 문을 닫는 것은 의식이 하는 일이다. 어떤 일이 일어날까 봐 걱정하면, 잠재의식이 당신을 그 부정적인 일을 만나는 방향으로 몰아간다. 마찬가지로, 앞으로 일이 어떻게 풀릴지 삶의 역경을 어떻게 처리할지에 대해 긍정적인 생각을 하면, 잠재의식은 그것을 내면화해서 긍정적인 결과를 내는 방향으로 움직인다.

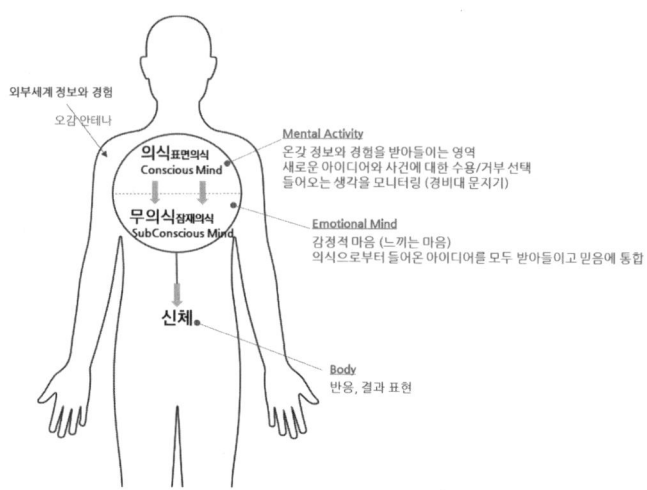

서먼플리트의 '스틱 퍼슨' + 밥 프록터의 '의식-무의식'을 활용한 이해[11]

- 심리·마음 -

정신은 '마음과 몸을 합친 것'으로 정신장애는 '마음과 몸의 장애'를 의미한다.

한국심리교육원 김범영 대표의 저서 《마음이론》[12]에서 '심리와 마음의 관계'를 이해하는 데 도움이 되는 내용이 있어서 소개한다.

---

11. 〈참고 자료〉
   [도서] 밥 프록터, 《밥 프록터 부의 원리》, 이재경 역, 윌북, 2023
   [유튜브] 인사이트업 - 세계 최고 멘토들의 조언, "밥 프록터 - "무의식이 당신 삶을 망치도록 내 버려두지 마세요" | 무의식 1편", https://www.youtube.com/watch?v=hmpV7HcnYpE
12. [도서] 김범영, 《마음이론》, 지식과감성#, 2017
   (한국심리교육원, www.kip.ac, www.youtube.com/@kip6004)

마음은 '의식(Conscious Mind)과 무의식(Unconscious Mind)'으로 구성되고 심리는 '마음이 인식되는 것', '마음을 표현하는 것', '마음과 관련되어 기억되는 것'을 의미하는 인식심리, 표현심리, 기억심리로 구성됩니다.

마음(의식·무의식)이 잘못되거나 심리(인식·기억·표현)에 문제가 생기면 병이 됩니다. 즉 '스트레스·상처'로 인해서 심리의 균형이 깨지고 오작동이 발생하면 심리문제가 발생되고, 마음(의식·무의식)이 고장이 나면 심리장애가 발생합니다.[13] 또한 무의식이 의식으로 가동이 되면 자기가 하는 것을 의식하지 못하게 되는 정신병증이 발생하기도 합니다. 그리고 몸에 연결된 오감으로 들어온 정보를 인식심리가 받아들여 처리하는 과정에서 심리가 고장이 나거나 외부로 표출하는 표현심리와 기억을 꺼내는 기억심리가 동시에 문제가 발생할 때 마음도 심각(엉망)해지고 몸도 무너져 장애가 발생합니다.

[참고]

원론적으로 심리치료는 들어오는 정보에 대한 인지-기억-표현의 작용에 관련된 문제를 다루는 영역이고 마음치료는 의식적 마음과 무의식적 마음 그리고 몸과 관련된 영역을 다루는 문제이다.

다만, 필자는 일반인들이 심리와 마음을 같은 개념으로 이해하여 혼용하여 사용하는 경우가 많기 때문에 내담자의 이해를 돕기 위한 과정에서 필요에 따라 '마음'과 '심리'를 혼용하여 사용하고 있다.

또한 상담자와 내담자가 함께 변화를 위해 동행(Accompany, With~)하는 개념으로 '치료' 대신에 '치유'란 용어를 사용하여 마음치유를 심리치유와 혼용하여 사용하고 있다.

---

13. [유튜브] 한국심리교육원, "[심리포럼] 심리장애의 이해와 치료", https://www.youtube.com/watch?v=cMkGQMAN60

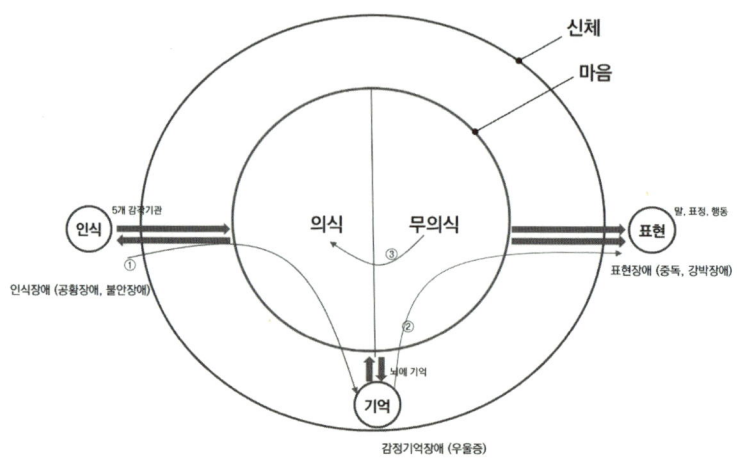

심리와 마음의 작용 도식[14]

심리상태를 점검하는 방법과 치료의 시기에 대해서 《마음이론》 저자 김범영 대표는 유튜브 〈심리포럼〉에서 다음과 같이 설명한다.[15]

> 남자는 스트레스를 인식에서 걸러 내려고 애를 쓰고 제거하려고 합니다. 스트레스가 올라오면 들어오는 것, 누군가가 말하고 행동하는 것들이 스트레스로 인식됩니다. (나하고는 안 맞는 겁니다.) 그래서 기분이 나쁘고 화나고 짜증이 됩니다. 그리고 이런 스트레스가 제거가 안 되면 심리(인식심리)에 문제가 생기기 때문에, 예전에는 분명히 재밌고 즐거운 일이었는데도 그걸 하는 데 굉장히 힘들고 답답하고 우울하게 되는 겁니다.

---

14. [유튜브] 한국심리교육원, "[김범영의 심리포럼] 사람의 마음이 모두 다르다고 생각하는 이유(마음과 심리의 차이)", www.youtube.com/watch?v=pEdR7yoDYH8
15. [유튜브] 한국심리교육원, "[심리포럼] 심리상태를 점검하는 방법과 치료의 시기", www.youtube.com/watch?v=vuTR3v7DK0A

여자는 스트레스를 인식에서 수용해서 기억에 딱 넣어 버립니다. 기억되고 상처가 발생합니다. 시간이 지나서 그때 당시의 상황을 딱 떠올렸을 때 기억(기억심리)에서 생각이 나고 또 스트레스가 발생합니다. 생각만 하는 데도 인식되어 들어오는 것이 없는 데도 생각하는 것만으로 답답하고 아프고 힘들어지고 우울감을 느끼게 되는 겁니다.

일상에서 내가 특별한 게 없는데도 불구하고, 화나고 짜증 나고, 답답하고 아프고 힘들고 우울감을 느낀다면, 현재 나에게 스트레스가 생기고 내 안에서 심리문제가 발생했다는 얘기입니다.

우리는 일상에서 심리문제는 기분전환으로 해결합니다. 인식으로 들어오는 것을 스트레스로 주지 않고 좋은 것으로 줌으로써, 좋은 기분을 집어넣어 나를 다시 좋게 만들어 일상생활을 유지하면서 회복하는 것입니다. (예, 머리 손질, 쇼핑, 영화 보기, 맛집 가기, 경기하기, 일에 몰입하기 등)

그러나 일정 기간이 지나도 다시 같은 심리문제가 지속적으로 발생된다면 심리문제라 하지 않고 심리장애라 합니다. 즉 이제는 기분전환으로 전환이 안 되는 상태로 심리장애가 발생한 것으로 치료를 해야 하는 상태입니다. (예, 불안장애, 공황장애)

상담 및 코칭을 통해서 또는 조언을 받고 얘기를 나누면서 기분이 전환되고 자기 자신을 조절해 가고 회복되는 과정인 힐링(Healing)을 경험하는 단계를 심리문제 단계라 봅니다. 즉 상담을 받거나 조언을 들으면 기분이 전환되어 좀 나아지고 편안해지는 단계입니다.

> 상담하면서도 문제가 회복되지 않거나 상처가 자극되고 점점 더 악화하는 상태를 상처치료와 심리치료가 필요한 단계로 보고 있습니다. 당장은 기분전환으로 편해지는 것 같지만, 2~3일 정도 지나게 되면은 더 아파지고 시간이 갈수록 증상의 정도가 심해지는 단계입니다.

- 상담·치유 -

일반적으로 부모나 보호자들은 아이들에게 나타나는 문제행동과 심리적 증상에 대해서 의식적 측면인지 무의식적 측면인지 구분이 되지 못하기 때문에 자녀가 상담(인지·정서)을 통하여 일시적으로 괜찮아진다고 느끼고 기분전환의 과정을 지속해서 반복하는 것을 허용하는 경우가 많다. (돈을 지불하고 기분을 풀고 있다. 머리가 편안해지고 살 만한 기분전환이 반복되고 있다.)

그러는 사이에 증상의 정도가 점점 더 깊어지고 심각하게 발전될 수도 있다. 임상에서 〈사례 1. 불안장애 청년〉과 같은 이유로 방문하는 안타까운 경우를 많이 보게 된다.

물론 성장하는 시기의 청소년과 청년에게 상담사가 인지적·정서적·행동적 측면에서 멘토로서 지지하고 길을 안내해 주는 코칭 영역의 지속성이 필요한 부분도 있다. 그렇지만 자녀의 문제가 의식적 측면의 문제인지, 심리문제인지, 무의식의 상처나 오류 등의 문제로 발생하는 마음문제인지를 이해하고 구분하는 것이 매우 중요하다.

다행스럽게 성장기의 청소년·청년은 스트레스와 상처로부터의 회복탄력성이 높기 때문에 스스로 치유되고 회복되는 경우도 있다. 하지만 스스로 의식적 통찰을 넘어서 무의식적 마음을 바라보고 치유하는 것은 거의 불가능하다. 비록 스스로 회복 과정을 거쳐서 성숙한 성인으로 성장할지라도 많은 혼란과 아픔 속에서 소중한 시간과 기회가 소모될 것이다.

〈사례 1. 불안장애 청년〉에서 볼 수 있듯이, 많은 분들이 자신의 심리 문제에 대하여 심리상담을 통해 이해와 통찰을 경험하고 기분이 편안해지는 의식적 'Healing 상태'를 경험한다. 그러나 마음치유(의식적·무의식적 Therapy)를 진행하지 않은 채로 성장기 발달과업인 긍정적 자아상, 자율성(독립감), 유능감을 형성하지 못하여 성인이 된 이후에도 심리장애·미성숙 성격·부적응 등의 문제를 동반한 상태로 머무는 경우를 자주 보게 된다.

우리는 살아가는 동안 어느 정도 스스로 회복되기도 하지만 미숙한 성장기 청소년·청년이 경험하는 다양한 문제를 해결하고 치유하기 위해서는 의식적·무의식적 마음과 몸, 기질 및 성격적 측면, 욕구와 자아상, 습관 및 성격 등과 관련되어 위계적 접근의 심리상담, 심리치유, 멘토링의 통합적 과정이 요구된다. 그들의 시간은 정해져 있고 소중한 기회이기 때문이다.

본 저자는 청소년기부터 청년기까지 심리문제, 강박문제를 경험하면서 혼란과 고통 속에서 현재의 나로 성장하게 되었다. 그런 아픔과 고통이 나를 성장시키고 성숙시키는 거름이 되었으나, 언제나 늘 아쉬웠던 건

나를 도울 멘토, 치료사, 상담사를 만나지 못한 것이다.

필자가 아이들을 돕는 이유는 분명하다. 아이들이 더 성숙한 사람이 될 수 있도록 혼란과 고통을 멈추고 주어진 소중한 시간과 기회를 지켜 주고 싶은 마음이다.

〈사례 4. 욕먹은 공황장애 공익요원〉
변화는 스스로 얻어 내는 것

> 어느 날 아침, 상담소 출입문을 빼꼼히 열어 보고는 그냥 가는 청년을 잡아서 이유를 들어 보았다.
>
> 청년 : 돈 벌어서, 나중에 올게요.
> 상담사 : 돈 벌어 온다고! 시간 낭비! 인생 낭비야! 네가 한 달 아르바이트하는 돈이면 치료가 끝나는데…. 뭐가 중요해! 낫는 거야? 아르바이트 안 하고 편하게 사는 거야? 먼저 나아서 네 인생을 건강하게 살아라! (호통쳤다.)
>
> 심리치유 5회기 비용은 아르바이트하면서 천천히 내기로 했다.

청년은 4회기 무렵에 모든 비용을 완납했으며 공황장애가 없는 상태로 밝고 당당하게 자기 삶을 살아가고 있다.

무엇이 중요한지 생각해 보자!

열등감과 피해의식에 사로잡혀서 자신의 삶을 수동적이고 의존적으로 선택하는 것이 중요할까? 아니면 (실제로 열등하다고 느낄지라도) 안 된다는 열등의식을 버리고 내가 앞장서서 이끌고 나가겠다는 우월감으로 적극적인 자세를 선택하고 나아가는 것이 중요할까?

변화는 스스로 얻어 내는 것이다. 상담이란 보조적인 도구로 혼자 이뤄 내기 힘든 부분을 함께해 주는 친구일 뿐이다. 스스로 낫겠다는 마음, 이것이 이미 당신을 낫게 하는 동력이다. 그리고 그 동력은 마음의 파장으로 나를 보다 나은 사람으로, 내가 원하는 사람으로 이끄는 에너지다.

'끌어당김의 법칙'에 대해 밥 프록터는 "원하는 것을 얻는 첫 번째 발걸음을 생각의 주파수를 원하는 목표와 일치시키는 것(원하는 것을 이미 얻었다고 생각하고 같은 주파수에서 생각하는 것) 그리고 두 번째는 생각을 바꾸는 결정과 태도는 당신으로부터 시작된다."라고 했다.[16]

심리치유는 본인의 내적 동기가 매우 중요하다. 낫고 싶다면, 나은 행동을 하는 것이다. 나은 사람으로 살아가는 것이다.

---

16. [유튜브] 터닝포인트 - 위대한 성공의 시작점, "실제 강의 | 끌어당김의 법칙 주인공 #밥프록터", www.youtube.com/watch?v=fEMUrcpjlPk

〈사례 5. 욕하던 공황장애 청년〉
치유는 함께하는 과정에서 돕고 회복하는 것

야간 심리치유를 마치는 새벽 1시경에 공황장애 증상으로 인한 심리치료 요청이 들어왔다. 이전 상담으로 지친 상태였기 때문에 본인은 진행하기에는 무리가 있음을 알리고, (요청자가 서울에서 최면치료를 받는 과정에 있었기에) 상황을 가장 잘 알고 있는 담당 치유사에게 요청하라고 하였다. 하지만 요청자는 "담당 상담사가 밤에는 불가하다고 거부하였다."라는 말과 함께 욕을 하며 막무가내로 긴급 요청을 하였다.

결국 부득이하게 새벽 2시에 초기 상담과 심리치유를 2시간 진행하였다.

> 상담사 : 공황이 되면 좋은 게 있나요?
> 내담자 : 없어요.
>
> (심리치유 과정 생략)
>
> 내담자 : 제가 회피하고 싶었군요.
>
> 이차적 이득(Secondary Gain)[17] 제거 후 공황장애 심리치유 진행 중에 갑자기
>
> 내담자 : 끝났어요. 이제 문제없어요.
> 상담자 : 오늘은 급하게 했어요. 다음에 한 번 더 오셔서 마무리했으면 합니다. 80% 정도 끝났어요.

---

17. [용어 정리] 이차적 이득(Secondary Gain) : 부정적자아상이 증상을 통하여 보상대상(관심, 사

그러나 아쉽게도 예약한 당일 내담자는 아무런 통보 없이 불참하였다. 전화로 "문제가 완전히 치유된 것은 아니다."라고 얘기하니, 내담자는 "좋아졌다, 나았다."라고 답했다.

추후상담(follow-up)이 불가함을 고지하고 상담을 종결하였다. 이미 돕고 싶은 마음은 사라지고 없는 것이다.

사람을 치유한다는 것은 '돕는 마음이 강할수록, 낫고 싶은 마음이 강할수록, 더 강한 집중과 열정으로 함께할 수 있는 것'이다. 이처럼 치유는 치료와 다르게 '함께하는 신뢰와 노력의 과정'인 것이다.

"치유사는 기술자가 아니다.
함께하는 과정에서 서로 돕고 회복하는 동행자이다."

위와 같이 임상에서는 상담이나 심리치유를 하는 과정에서 내담자의 신체적·심리적·환경적 특성이 문제해결에 저항요인으로 작용하는 사례들이 많이 발견된다. 그래서 양육자나 보호자들은 대상자에 대한 특성을 이해하는 것이 중요하다.

랑 등)을 채우거나 회피대상(책임, 의무, 실패, 무시 등)을 피하여 불쾌한 상황이나 원하지 않는 것을 하지 않아도 되는 이득

〈참고 자료〉
[도서] 이재진, 《너에게 끌려다니지 않을 자유》, 투리북스, 2015
[도서] 신대정·이경규, 《구속된 마음 자유를 상상하다》, 학지사, 2022
[도서] 현용수·신대정·김문자, 《명상심리상담전략》, 행복한마음, 2023, 제2부 'NLP와 변화심리학 (신대정)'

비록 그들의 청소년·청년기 시간이 소중한 기회일지라도 상담사가 돕고 싶다고 항상 도울 수 있는 것은 아니다. 어떤 친구들은 세상 속에서 혼란, 좌절, 반항, 일탈 등의 불안정한 경험의 시간을 통해서 성장을 위한 변화를 찾기도 한다.

아쉽지만 상담을 멈추고 수개월 또는 수년의 시간을 허비하고 나서 '심리장애·정신장애' 치유를 통해 비로소 성장의 길로 들어서는 친구들도 보게 된다. 사람[18]은 돕고 싶다고 도울 수 있는 게 아니라, 변화하고 싶을 때 변화할 수 있는 것이다.

누구나 좋아지고 바람직한 인간으로 살기를 원하는 것은 아니다. 자기가 살던 방식과 익숙해진 불편함이 편하기 때문이다. 그리고 그로 인해 얻어지는 이차적 이득(SG)이 있다면 변화에 대하여 더욱 저항하게 되는 것이다. 그래서 미성숙한 청소년·청년이 심리문제와 심리장애를 경험하면서 은둔형으로 진행되기도 한다.

---

18. 〈참고〉 [유튜브] 한국심리교육원, "[김범영의 심리포럼] 치료과정(사람과 인간의 개념이 중요한 이유)", www.youtube.com/watch?v=n6nOmC9gY&t=31s
    사람 : 자기 혼자만 행복한 것은, 사람의 행복이다.
    인간 : 자기 행복을 추구하고 함께 행복한 자아실현을 해 가면서 인간답게 사는 것이다.

2장

부적응

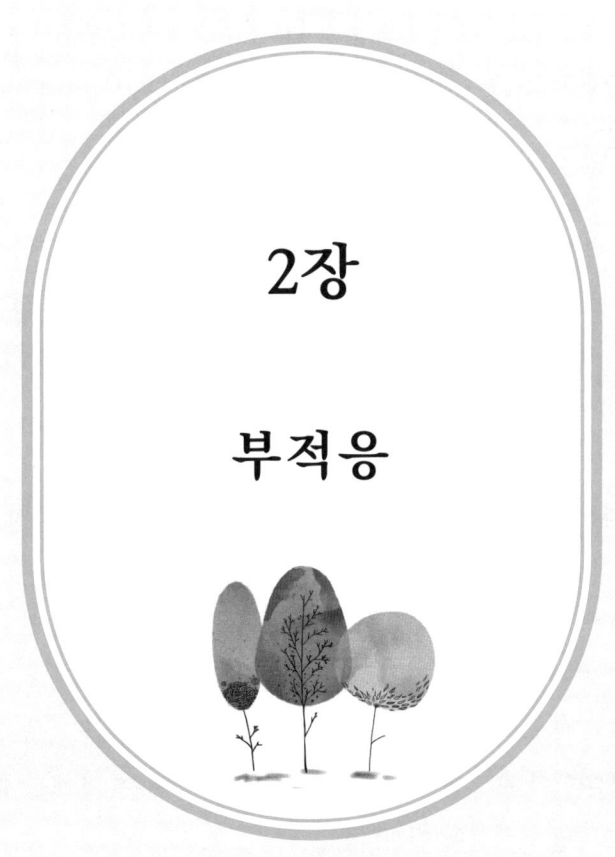

모든 것은 자극과 반응(S-R)에서 시작되고 보상을 학습하는 동기부여 메커니즘과 몸의 습관으로 진행된다.

청소년·청년은 '불안전-불완전-자기중심적'으로 태어나면서 살아가는 과정 동안에 '환경-양육-학습-경험'의 다양한 자극과 반응의 상호작용 속에서 습관과 성격이 형성되고 자아상(Self-Image)과 정체성(Identity)이 형성된다.

청소년·청년의 부적응 문제를 발생시키는 사고문제, 심리문제, 마음문제, 몸의 문제, 행동문제의 원인은 신체적 특징과 기질적인 반응·욕구를 기반으로 자기와 환경(세상)에 대한 자극과 반응의 과정에서 다음과 관련되어 있다.

① '환경-양육-학습-경험'의 후천적 영향, 극단적 기질(생물학적 기질, 성격적 기질)의 미성숙, 신체적 약점
② 사회적 욕구와 성격적 욕구의 불일치와 마음과 행동의 불일치(비일관성)
③ 왜곡된 보상(이득, 보상-회피)의 학습과 동기부여 메커니즘
④ 즉시 편안한 보상의 나쁜 중독과 욕망과 동기부여 및 보상에 관여하는 도파민 의존중독 메커니즘
⑤ 몸이 마음이 되어 버린 습관, 신체의 자율신경실조 상태

우리 아이들은 씨앗에서 나무가 자라듯이 선천적인 씨앗의 능력을 가지고 양육받고 학습하고 경험하면서 후천적인 요인에 영향을 받으며 뿌

리와 가지로 성장한다.

　어린나무에서 사춘기를 거쳐 뿌리와 가지가 굵어지는 청소년·청년기가 되는 과정에서 생물학적 기질과 성격적 기질의 경향성과 차이로 인해서 자신과 타인, 세상에 대한 부적응 경험과 학습으로 부정적 자아상, 의존감, 무능감이 형성되기도 한다. 또한 현대문명의 기술 발달로 세상의 다양한 즐거움을 노력 없이 '즉시 편안'하게 얻게 되는 보상 경험을 통해서 의존상태에 중독되는 도파민 의존중독 현상을 경험하기도 한다.

　예) 스마트폰 중독, 게임 중독 등

　이러한 성장 과정에서 경험하는 다양한 스트레스와 상처로 인한 부정적 마음 상태에 익숙해지면 습관이 되고 정체성이 되어 버린다.

　이렇게 어린나무는 다양한 내외적 변수들과의 '미숙한 자극과 반응'의 경험과 학습 그리고 '왜곡된 보상(이득)의 경험과 학습'을 하는 과정에서 부정적인 습관과 정체성이 형성되어 자기조절능력이 활성화되지 못한 미숙한 상태에서 발생하는 다양한 문제행동들로 인하여 사회적으로 배척되거나 소외되고 고립된 상태로 변형되고 병든 나무로 성장하게 된다.

1. 부적응 문제행동 5요인

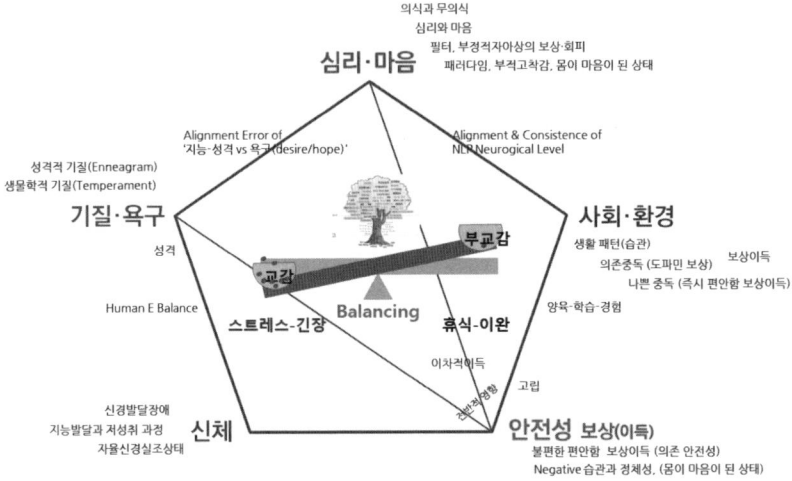

부적응 문제행동 5요인

아이들의 성장 과정에서 발생하는 문제행동들을 발생 원인에 따라 5가지 측면에서 살펴보았다.

청소년·청년의 성장에 중요한 역할을 하는 '신체, 기질·욕구, 심리·마음, 사회·환경' 4요인에서 고유의 안정상태를 의미하는 균형(Balance)이 깨지면서 요인별 특성에 따라 부적응 상태가 발생하고 요인들 사이의 균형과 조화가 깨지면 부적응·불안정 상태가 증가한다. 그리고 의식적·무의식적, 신체적 차원에서 다양한 문제가 동반되어 나타나게 된다.

4요인 측면에서 불균형(Imbalance)과 부조화(Disharmony)를 경험하는 친구들은 적절한 발달과업을 달성하지 못한 채, 학교-직장-사회에 부적응하고 열등감(무능감)과 분리불안(의존감) 속에서 심각한 회피·보상의 문제행동을 하며 다양한 심리문제와 심리적·정신과적 장애를 경험하게 된다.

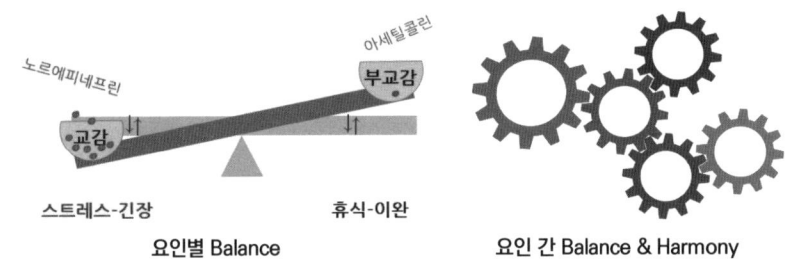

①심리와 마음의 부적응 문제는 부정적 경험과 학습에 의한 부정적 자아상의 보상·회피 행동으로 다양한 행동적, 심리·정신적 문제가 발생되고, 발달 과정의 사고 미숙과 생활 습관의 불안정으로 의식과 무의식의 균형과 조화가 깨진 상태에서 심리문제와 심리장애가 발생된다.

우리는 생물학적으로 성격적으로 고유의 ②기질과 욕구를 가지고 태어나고 적응하고 활용하며 살아간다. 우리는 이러한 타고난 모습에 대해서 적응하고 활용하는 경험과 학습의 과정을 통해서 성장해 나가며, 자신을 이해하고 자아를 형성하는 발달 과정에서 또래와 사회의 다름을 경험하고 혼란과 충돌 속에서 힘든 시기를 보내게 된다.

아이들은 가정의 양육 과정과 ③사회·환경에서 자극과 반응의 경험과 학습을 통하여 고유한 성격적 특성을 형성하게 된다. 그러나 자본주의의 부정적 환경과 기술 문명이 극도로 발달한 현대 사회 속에서 건강하지 못한 환경에 노출되어 위축되거나 부정적 생활 습관에 길들여져 정신과 몸의 균형이 깨지고 이상행동을 하는 친구들이 늘어나고 있다. 자기도 모르는 사이에 서서히 파괴되고 있는 것이다. 찾아오는 대다수 아이들이 주야가 바뀐 상태에서 스마트폰이나 게임 등의 과몰입 증상을 보이고 일상생활이나 등교가 되지 못하고 있으며 심한 경우 우울, 무기력, 불안을 동반한 채로 나쁜 보상에 중독되어 자신에 대한 통제력을 상실한 채로 괴물이 되어 가는 경우들이 많아지고 있다.

　④신체적 결핍(장애)으로 발생되는 문제는 청소년기 이전에 발견되고 치료를 받는 경우들이 많지만, 발견되지 않아 치료받지 못하거나 경계선에 있는 친구들의 경우에는 (어느 순간에) 잠재된 문제들이 한꺼번에 터지는 것처럼 문제행동이 늘어나기 시작한다.

　또한 발달과업을 이루는 과정에서 저성취를 경험하는 친구들은 무능감과 의존감 속에서 심리문제를 보이거나 문제행동을 보이게 되며 심한 경우에는 품행 문제, 반항성 문제를 보이기도 한다. 또한 기질적 부적응으로 인한 문제들과 비슷한 모습을 보이고 섞이면서 자신과 주변을 더욱 혼란스럽게 한다.

　그리고 건강하지 못한 생활 방식 등의 요인으로 인한 자율신경 항상성 기능의 문제는 무기력, 우울, 불안 등의 심리적·정신과적 문제를 발생시키기도 한다.

청소년·청년기의 발달과업을 달성하지 못하고 지속적인 혼란과 갈등 속에서 '심리·마음, 기질·욕구, 사회·환경, 신체적' 측면에서 전반적으로 영향을 받아 사회적으로 고립된 채로 불편하지만 편안함에 안주하고 익숙해지는 ⑤안전성 보상(이득)을 추구하는 친구들이 늘어나고 있다.

이들은 부정감에 고착된 (몸이 마음이 된) 상태로 변화에 저항하고 '의존 안전성'을 추구하며 편안해하고 있다. 신체적·심리적 불편감을 견디면서 '불편하지만 편안함' 보상(이득)을 취하면서 안도하고 있다.

이러한 요인들은 독립적이거나 중첩해서 서로 영향을 미치고 유기적인 쇠사슬처럼 어린 친구들을 휘감아 묶어 버린다.

이와 관련된 자세한 내용은 이해와 편의를 위해 각각의 사례를 다루면서 상세히 기술하겠다.

2. 청소년·청년 문제행동 Flow Tree

본 저서에서 아이들이 경험하는 다양한 문제행동들을 성장하는 나무 형태 (Flow Tree)로 그려 보았으며 이해와 설명의 편의를 위해 4개의 그룹으로 묶어서 제시한다. (각 그룹과 인접한 그룹 간에 공통으로 경험되는 부분이 존재한다.)

아이들은 유아·아동기를 거치는 과정에서 '유전, 신체기능, 지적기능, 자폐스펙트럼, 기질, 욕구, 애착' 등의 중요한 요인으로 영향을 받아 성장하고 사춘기를 지나 청소년기를 거치면서 자아가 형성되는 과정에서 환경, 양육, 학습, 경험에 대한 인식 기억 표현의 차이로 다양한 부적응 양상으로 반응하기 시작한다.

1) 품행 문제를 보이는 그룹

이 그룹의 아이들에게서는 낯선 장소나 새로운 환경, 상황에 대한 자극 추구 기질이 극단적으로 많고 재미와 행복을 추구하는 욕구가 강하며 산만하고 충동적인 행동을 하는 경향이 많다.

이들은 유아·아동기 애착의 문제로 부적응을 경험하기도 하고, 어린 시절 지나치게 허용적이거나 방임·유기되어 양육되거나, 결핍이나 결손된 환경에서 양육되어 적절한 자존감을 키우지 못하고 불안정한 상태로 분노, 일탈, 공격성 등의 극단적 행동이 발달하기도 한다.

주의력결핍 과잉행동장애(ADHD)[19]의 경우 67~80%에서 적대적 반항장애(45~84%), 품행장애 및 물질관련장애(15~56%), 불안장애(25~50%), 우울장애(~30%), 틱장애(10%) 등이 동반되기도 한다.

이들이 질풍노도의 시기를 지나면서 비행[20], 반항문제[21], 품행 문제[22] 등

---

19. [용어 정리] 주의력결핍 과잉행동 장애(ADHD) : 아동기에 많이 보이는 장애로 '① 주의력 결핍 및 부주의 ② 과잉행동 ③ 충동성'을 주요 특징으로 보이는 상태를 말한다.
  〈참고〉 [웹사이트] 대한소아청소년정신의학회, http://adhd.or.kr/adhd/adhd06.php
20. [용어 정리] 비행 : 잘못되거나 그릇된 행위
21. [용어 정리] 반항장애(ODD) : 주변 환경이나 사람들에게 무조건적인 적대감이나 거부감을 나타내는 증상. 학업에 지장을 일으키며 또래에 비해 많은 문제행동이 나타나는 특징을 보인다.
  분노와 성마름, 권위 있는 성인에 대한 지속적인 반항, 공격성, 부모와의 관계에서 어려움 등 다른 사람의 권리를 침해하지는 않는다.
22. [용어 정리] 품행장애(CD) : 타인의 권리를 침해하거나 사회적 규범을 어기는 행위가 지속적으로

의 문제행동으로 이어지는데, 학교를 이탈하고 가출이나 비행 등을 일으켜 보호 처분이나 소년원 처분을 받기도 한다.

기질적(Temperament), 성격적(Enneagram Power Desire), 신체적(지적 지능, 자폐스펙트럼, ADHD 등), 환경적(결핍, 결손) 약점 속에서 준비되지 않은 미성숙한 청년으로 성장하면서 심각한 사회부적응을 경험하며 반사회적인 성향을 보이기도 한다.

이들을 성격 문제의 인지·정서·관계·행동적 패턴으로 살펴보면 자신은 긍정적, 타인은 부정적으로 보고, 정서적으로 불안정한 상태로 타인을 이용하고 조절하거나 통제하려는 모습을 보이며, 자기중심성[23]으로 반사회적 문제행동을 보이는 경향이 있다.

청소년기의 이들은 주로 야생의 세상에서 자신을 보호하기 위해 네트워크를 형성하고 무리를 지어 주변인들로부터 눈살을 찌푸리게 하기도 하지만 야생에서 살아남고 자신을 보호하기 위해 위협적인 행동을 하면서 거칠어지고 난폭해지기도 한다. 그리고 다른 그룹의 미숙한 아이들은 이 아이들과 교류하게 되면서 그들의 문화를 답습하는 과정을 겪기도 한다.

나타나는 정신 질환. 부모, 교사 및 또래와의 관계에서 어려움을 보인다.
분노와 성마름, 지속적으로 광범위한 반사회적 행동, 반항·공격성·파괴성, 기만과 절도, 잔인성, 무단결석, 강압적인 성행위, 약물 사용, 싸움이나 약물남용 혹은 위험한 성관계, 물건 훔치기, 가출 또는 무단 외박, 잦은 거짓말, 무단결석, 남의 집 침입, 재산의 파손 등 다른 사람의 권리를 침해한다.

23. [용어 정리] 자기중심성 : 공감 능력이 부족하며, 인간관계에서 자신의 목표를 달성하기 위해 이용하거나 타인이나 주변 사람들의 의견을 무시할 정도로 자기중심적이고 자기 욕구를 충족시키기 위해 지나치게 타인이나 가까운 사람들을 이용하는 경향을 보인다.
다른 사람의 입장과 처지에서 생각하는 능력이 부족하다.
자기중심성이 높을수록 공감 능력이 현저히 떨어짐을 의미한다.

이 그룹의 일부는 혼란의 시기를 통해 부정적인 경험을 하게 되면서 잘못된 생각의 기준이 형성되고 심각한 상처를 경험한 채로 왜곡된 자아가 형성되어 반사회적인 심각한 부적응 행동을 하거나 반사회적인 성격장애 성향이 형성되기도 한다.

그렇다고 이런 친구들이 다 문제가 있는 것은 아니다. 이런 위기 경험을 통하여 성장하고 성숙한 인격으로 성장하는 친구들도 있다.

다만, 혼자서 시간을 소비(낭비)하는 사회 경험을 통해서 성장하는지, 멘토를 만나서 인생의 소중한 시기의 시간을 절약(Save)하면서 인간에 대한 신뢰를 경험하고 코치를 받으며 성장하는지는 질적인 차이가 있다.

실제로 위기 가출 청소년 보호시설에서 알던 친구들의 성장 과정을 보면 어떤 친구들은 직장을 성실하게 다니면서도 자신의 삶에 대한 무기력과 우울을 경험하는 모습을 보이기도 하지만 어떤 친구들은 자신의 삶에 자신감을 느끼고 자신의 능력에 맞는 행복한 삶을 추구하고 노력하는 친구들도 있다. 이들은 세상을 바라보는 관점과 자신이 사회에 적응하는 과정에 유연한 모습을 보여 주고 있다.

'어떻게 성장하느냐?', '어느 길로 가느냐?'를 안내받고 코치받은 친구가 더 성숙한 삶을 살아갈 수 있게 되는 것이다.

중요한 점은 그들이 보이는 이러한 문제 증상들은 성장 과정에서 자신과 주변에 적응하는 과정에서 발생하는 시행착오 과정이며, 이러한 문제를 경험·해결하고 적응하면서 한 단계 더 높은 성장을 경험하게 된다는 것이다.

그래서 이 친구들이 경험하는 다양한 어려움은 '문제'라기보다는 '성장의 기회'로 받아들이며 기다려 주고 도움을 주어야 한다.

다만, 자신과 환경에 대한 부적응이 회복되고 치유되지 않으면서 무기력·우울-불안 등의 문제를 경험한 상태로 방치되어 심해진 경우에는 청소년기부터 성인기에 이르기까지 자해·자살, 강박, 중독, 정신문제 등의 '심리장애와 정신장애'를 동반한 채로 머물게 되고 사회적 활동이나 관계를 회피하며 은둔형으로 머물게 되는 경우가 발생되기도 한다.

〈사례 조각 2. 심리문제에서 심리장애로, 부적응에서 범죄자로〉

예전에 필자와 심하게 다툼을 한 친구가 있다. 그냥 '이 친구를 통제하지 못하면 큰일이 난다.'라는 생각에 강한 가면으로 위기의 순간을 통제하였다. 그러고는 그 친구와 친해졌다.

아이들이 나보고 '죽을 뻔했다'고 한다. 아이들은 힘으로 대하는 게 아니다. 상황에 맞게 제압하는 것이다. 아이들을 이겨서도 안 되고 이길 수도 없다. 우리가 이기면 아이들이 부러지는 것이다. 나는 아이를 이기기 위해서 한 것이 아니었다. 아이에게 잘못된 것에 대해 물러서지 않고 알려 주고 싶었던 것이었다.

이 아이는 주변 상담 기관이나 보호시설에서 폭탄이었다. 아무도 개입하려 하지 못하고 그냥 피하려고만 한다. 청소년기를 지나 청년기가 되도록 아무런 도움도 받지 못하고 문제행동이 심리장애와 정신장애로 이어지고 있었다.

과연 누구의 잘못일까? 아이를 꾸짖어야 하는가? 아니면 환경을 꾸짖어야 하는가?

어떤 친구는 24살까지 보호시설과 정신과를 전전하다가 세상에 준비되지 못한 채 심각한 부적응을 보이는 모습으로 살아가기도 하고, 어떤 친구는 뉴스에서 범죄자로 수배되어 도망 다니기도 한다. 이들은 인생의 멘토와 치유사를 만나지 못한 채로 살아가고 있는 것이다.

이들에게는 많이 배우거나, 많이 아는 똑똑하고 잘난 사람이 필요한 게 아니라 옆에서 견뎌 주고 기다려 주면서 필요할 때 조언하고 코치해 줄 수 있는 사람과 심리(마음)적인 문제를 해결해 줄 수 있는 전문가가 필요한 것이다. 그리고 이렇게 감당할 수 없는 아이들의 부모나 주변인들에게 이해와 안정을 줄 수 있는 상담사도 필요하다.

〈사례 12. 배 째〉
괴물이 되어 가는 청소년

생활 패턴이 망가진 채 불안·초조·불면, 우울감·무기력한 상태에서 불안전 애착, 짜증과 분노 조절, 게임 중독, 등교 거부 등의 문제행동을 보이며 학업중단숙려제[24] 상태에서 등교를 거부하고 상담도 거부하는 아이의 부모가 부천에서 방문하였다.

제출된 심리검사에서는 "왕따·좌절을 경험하면서 세상과 타인에 대한 불안감 및 좌절감, 피해의식, 불만감 등을 지니고 있고, 관심이나 인정 및 주의를 받고자 하는 욕구가 강하지만 또래 관계에서 사회적 기술이 부족하고 미숙하다. 타인의 감정을 이해하는 데 어려움이 많고 타인과의 교류에서 불안감을 느끼고 있으며, 좌절감 불만감을 경험하면서도 사회적 교류에 대한 양가감정 및 주변 세계에서 자신을 보호하고자 하는 안정감의 욕구가 강하다."라고 보고하고 있다.

원래의 방향성에서 이탈하여 잘못된 내적기준(부정적 인지도식, 사고기준)을 갖게 되고 제한적 신념과 부정적 정서에 사로잡혀 부정적 자아상에 대한 보상행동과 회피행동을 하면서 자신을 지키려고 하지만 이러한 문제행동이 반복되고 습관으로 고착되면서 정체성이 되어 가고 있었다.

---

24. 〈참고〉 [네이버 지식백과] 자퇴·유예 등 학업 중단 의사를 밝힌 학생이나, 담임·상담교사의 관찰을 통해 학업 중단 위기가 있다고 판단되는 학생들이 학교를 계속 다닐 수 있게 하도록 마련된 제도로, 2013년부터 일선 초중고교에서 전면 시행됐다.
학업 중단 위기 학생에게 '일정 기간(최소 1주~최대 7주)'의 숙려 기회를 부여하고 상담 등의 프로그램을 지원하여 학업 중단을 예방하고자 실시하는 제도이다.

상처·트라우마와 학교·공부에 대한 스트레스로부터 분리되고 게임 과 몰입을 통한 기분전환과 '환자 코스프레·가스라이팅·폭력사용'으로 안전한 세상 놀이를 하면서 고통과 행복 속에서 '끓는 물 속의 청개구리'로 굳어져 가고 있었다.

편안한 보상에 중독되는 노예가 되어 몸이 마음이 된 상태에서 삶에 희망을 잃어버리고 변화에 저항하고 있는 것이다.

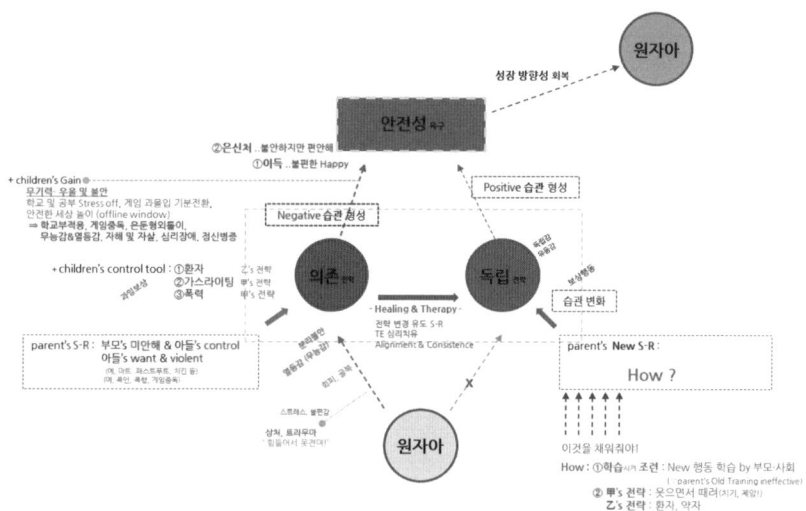

부적응 은둔형 저항 청소년 안전성(이득-은신처) 전략과 대처 도식

이 친구는 사람도 인간[25]도 아닌 짐승의 단계에서 본능 중심으로 살아가고 성장이 멈춰 버린 상태이다. 짐승이 되어 뛰놀고 있었다.

---

25. [유튜브] 한국심리교육원, "[김범영의 심리포럼] 치료과정(사람과 인간의 개념이 중요한 이유)", www.youtube.com/watch?v=n6nOmC9gY&t=31s
    "사람의 존재 의미는 자기 혼자만 행복한 개인 중심, 인간의 존재는 의미(행복, 관계 중심)와 가치(자아실현, 사물 중심) 추구"

자신의 무력하고 의존적인 모습이 노출되는 상황에 대하여 '극심한 불안 증상과 폭력적 행동'으로 '피하고 싶은 마음'을 달성하는 이득을 얻게 되었으며 일상을 게임에 과몰입함으로써 '잘나고 싶은 마음'을 채우는 이득을 얻을 수 있었다.

부모는 이 친구를 조련하려 하지 못하고 설득하고 권유하면서 굳어 가는 과정을 바라보다가 내방하게 되었다.

부모코칭과 심리치유를 진행하여 자녀를 보는 관점과 자녀에 대한 자극과 반응(S-R)을 변화시키기 위한 부모강화 5단계를 진행하였으며, 강화된 부모를 통하여 내담자의 습관화된 문제행동 패턴을 깨는 생활지도를 코칭하면서 내담자가 상담을 받도록 유도하였다.

- 부모강화 A-B·C-D-E -

A. 파악 '자녀 현재상태(⊃ 증상 및 주호소문제 관련 History)'
- 부모 '현재 상태 및 전술 Error 통찰'
- 부모강화(⊃ ①S-R코칭, ②심리치유)를 통한 New S-R 구성 및 진행

B·C. 심력 Up Therapy
: B. 자원 탐색, C. 부정적 정서, 제한적 신념 등 심리치유

D. 인식 reFraming
: '심리문제 vs 행동문제' 구분(⊃ D Plus Check! 검사)

E. 조련 Coaching&Training
: 'New S-R 학습'

- 부모강화 내담자 문제행동 패턴 깨기 -

- 행동 조련 : 부모에 의한 새로운 행동 학습
- 갑(甲)의 전략 파괴 : 웃으며 받아치기!
- 을(乙)의 전략 파괴 : 환자, 약자 코스프레 거부!

이를 통해 아이의 문제행동에 대한 부모의 새로운 반응 관계가 형성되면서 자녀의 문제행동을 어느 정도 멈추거나 다룰 수 있게 되었다. 즉 부모가 (의식적·무의식적 측면에서) 변화되면서 아이도 영향을 받아 변하기 시작하게 된 것이다.

그렇지만 몸이 마음이 된 아이의 습관과 정체성이 변한 것은 아니기 때문에 상담사와 부모가 한 팀이 되어 일상의 전반적인 위기 상황에 대해 상담사의 코치에 따라 부모가 유연하면서도 적극적으로 개입하고 있었다.

한 달 정도 지난 이후에 내담자가 방문하였다. 진짜 전쟁이 시작되었다.

⇒ 품행 문제를 보이는 그룹 고찰 '환경·사회 속 보상(이득)과 관련된 품행 문제'

① 환경과 반응

양육 환경

유아·아동기에 안전하지 못한 물리적 환경, 부모의 건강하지 못한 양육 방식, 부모와 다른 기질적 차이로 인한 양육문제로 인해서 아이들은 다양한 영향을 받게 되고 불안정과 불안전한 혼란과 갈등 속에서 미성숙한 아이로 성장하게 된다.

생리적 욕구(배고픔과 갈증, 의식주 생활에 관한 욕구), 안전 욕구(심리적 안전감과 안정감의 욕구, 물리적 위험에서 보호받고 싶은 욕구)가 결핍된 상태에서 안정되지 못한 미성숙한 아이로 소속과 애정의 욕구(대인관계, 애정·친밀감, 소속감에 대한 욕구)에 들어서면서 결핍된 욕구를 채우기 위한 부정적 습관과 정체성이 형성되면서 부적응적 문제행동들이 심하게 발생하기 시작한다.

양육 과정에서 자녀와의 기질의 차이로 인한 문제가 발생할 경우, 피양육자인 아이는 혼란스럽고 불안정한 아이로 성장하게 된다. 특히 애착과 복종이 과잉 발달된 아이는 의존적이고 수동적인 성향으로 분리불안과 의존성이 발달하게 되어 불안하고 무력한 아이로 성장하게 된다. 반면 지나친 처벌과 통제적 양육방식으로 성장한 아이는 원리 원칙만 중요시하는 융통성 없고 완벽주의적 성향의 아이로 성장하게 된다.

이처럼 자신의 기질에 맞는 자유롭고 유연한 행동을 하지 못하고 건강한 자아상이 형성되지 못한 상태는 청소년기를 지나 성인이 되어도 지속적인 혼란 속에서 (대인)관계나 사회 속에서 부적응 문제행동을 발생시키는 요인이 된다.

특히 양육자가 심리적·정신과적 질환이 있거나 폭력적이거나 중독적 문제가 있는 경우, 아이의 생리적·안전 욕구는 심각하게 결핍된 상태로 폭력과 방임에 노출된 상태에서 신체적 피해나 우울, 불안 등의 심리적·정신과적 문제로 고통을 겪으며 불안정한 상태로 성장하게 된다.

〈사례 조각 8. 혼자 못 있는 아이〉

초등학교 2학년 아이가 엄마와 같이 찾아왔다. '잠시도 엄마가 눈앞에 없으면 난리 치는 아이'라 한다.

상담사 : 눈 감아 보자. '무섭다' 말해 보자. 진짜 무서운 것처럼 느껴 보자. 뭔가, 떠오르거나 느껴지는 게 있으면 말해 줄래?
내담자 : 무서워요.
상담사 : 뭐가 떠오르니? 보이는 대로 느껴지는 대로 얘기해 줄래?
내담자 : 무서운 것이 보여요.
상담사 : 어떻게 생겼니? 어디서 본 적 있는 것 같으니?
내담자 : 네, TV에서요.
상담사 : 너, 무서운 만화 같은 거 보는 거 좋아하니?
내담자 : 네.

(심리치유 과정 생략)

미디어를 통해서 영향받은 공포 관련 부정적 정서를 제거하고, 아이의 떼쓰는 행동에 대한 엄마의 반응전략 코칭을 진행하였다.

일부러 아이를 두고 엄마 혼자 편의점에 다녀오도록 지시했다. 아이는 같이 가려고 떼쓰기 시작한다. 그러면서 상담사 눈치도 본다.

상담사의 지시로 엄마가 아이의 시선을 마주 보고 정확히 메시지를 보내도록 하였다. 아이가 당황하는 동안, 엄마는 혼자서 밖에 나갔다 왔다. 그리고 다녀와서 아이의 인내에 대해 칭찬해 주었다.

(아이의 자극에 대한 부모의 반응전략 코칭 진행, 이후 생략)

오후, 7시경, 내담자 부모에게 전화가 왔다.
마트에 잠깐 가야 하는데 '아이가 떼써서 힘들다'는 것이다.
아이가 엄마를 이기고 있다. 떼씀에 엄마가 휘둘리고 끌려가고 있다.

이제 아이의 마음에 공포는 없다. 그러나 지금의 떼씀은 '공포감 없는 부적응 행동 습관'이다. 그래서 부모가 강하게 반응하면 아이는 이상행동을 하지 않고 부모의 권위를 받아들이게 될 것이다. 이러한 경험이 학습되면서 아이의 행동에 변화가 생기는 것이다.

(주의, 아이 마음에 공포감이 존재한다면 이상행동으로 공황발작 증상이 나타날 수도 있다.)

[참고] 부적응 행동을 하는 목표 4단계 (드라이커스)[26]

1단계 : 부정적인 행동으로 '관심 끌기'

⇒ 마음을 '알아주기'

- 부정적인 행동을 하는 데는 그 나름대로 이유가 있다.
- 마음을 알아주지만 부적응 행동을 무시하고 긍정행동에 관심과 칭찬을 한다.

2단계 : '힘겨루기'

⇒ 힘겨루기 하지 말고, 힘을 긍정으로 사용할 수 있는 방법을 알려 준다.

3단계 : '보복하기' (너도 아파 봐!)

⇒ 똑같이 보복하지 말고, 아이가 사랑받는 확신이 들도록 신뢰 관계 형성한다.

4단계 : '무시하기' (보복했는데도 아파하지 않고 관심 없으면 사회로부터의 철회)

⇒ (작고 사소한 긍정 행동이라도) 관심과 격려

⇒ **의사소통 방식의 변경, 감정교류 훈련**

---

26. 드라이커스(Rudolf Dreikurs) : 아들러의 이론을 임상과 교육현장에 적용한 대표적인 개인심리학 정신의학자

생활 패턴(습관)

많은 가정에서 사춘기를 지나는 아이들에 대해서 안정된 생활 방식을 유지시키는 데 어려움을 호소하고 있다.

이 시기의 아이들은 부모가 가정에서 키우는 것보다도 사회 속에서 더 많이 경험하고 영향을 받으며 학습을 통해서 성장해 간다.

심리적으로 부모에게서 벗어나 자아를 형성하기 위해서 또래를 관찰하고 다양한 시행착오를 경험하며 학습하는 과정을 통해서 독립감과 유능감을 형성하며 새로운 습관과 정체성을 형성해 나가게 된다.

그러나 아이들의 기질적 특성과 아이들에 대한 학교나 사회의 지도 환경, 인터넷과 스마트폰으로 대표되는 발달한 기술 문명 속에서 아이들은 수동적인 자극과 반응에 몰입하고 익숙해져 가고 있다.

현대 사회가 '경험하고 학습하는 시기'에서 '선택하고 활용하는 시기'로 아이들의 일상을 바꾸어 놓았고, 이런 익숙한 삶에 빠르게 길들여진 아이들은 자신이나 기술 문명을 통제하거나 조절하지 못한 채로 심리적·정신과적 문제와 함께 사회로부터 고립되어 가고 있다.

대다수 보호자들은 급속히 변화하는 세상 속에서 뇌 기능의 발달이 진행 중인 (전두엽의 발달이 완성되지 않은) 불완전하고 미숙한 인지능력을 보이는 아이들에게 자신과 세상을 통제하고 조절하도록 권한을 부여하고 바라보고만 있을 뿐이다.

신체적 문제와 일상생활에 문제가 발생하는 것을 바라보면서도 질풍노도의 아이들이 스스로 조절되고 회복되도록 기다리고 있는 것이다. 그러는 사이에 망가진 생활 방식이 습관화되면서 심리적·정신과적 질환으로 진행될 수도 있다.

〈사례 조각 9. 그래도 게임은 해야 하니깐!〉

생활 방식이 망가진 채로 가정 내 폭력을 사용하면서 등교를 거부하고 게임만 하는 청소년이 상담을 거부하여 부모를 대상으로 아이의 변화를 위한 대안 전략을 구성하는 코칭을 진행하였다.

이후, 아이는 미디어가 통제된 세상에서 적응하고 있었다.

> (아이가 귀가하는 하루 전날 상담소)
>
> 상담사 : 컴퓨터도 치우셨죠.
> 내담자 모 : 아니요.
> 상담사 : 제가 아이가 복귀한 이후의 생활지도에 대해서 말씀드리지 않았나요?
> 내담자 모 : 네, 아는데요. 그래도 집에서 게임은 해야 하지 않나요?

다음 날, 상담은 종결되었다. 아이의 일상생활이 안정화되기 시작하는 시점에 상담은 멈춰 버렸다. 아이는 준비되지 않았다. 잠시 위력에 의해서 문제행동을 멈췄을 뿐이지 생각의 기준과 행동 습관이 바뀐 것은 아니다.

당연히 부모는 자녀를 사랑하고 올바른 방향으로 안내하고자 한다.

그러나… 방임인가? 존중인가?

도파민[27] 중독 환경

자신과 환경(세상)에 대한 자극과 반응의 과정에서 생물학적 기질과 성격적 기질로 인한 동기부여가 작용하기도 하지만 왜곡된 보상(이득)을 학습하면서 동기부여 메커니즘이 작용하기도 한다.

도파민 의존중독

현대 사회에 사는 친구들은 문화와 과학 기술이 발전된 세상에서 다양한 콘텐츠와 기술에 대하여 쉽게 접근하고 편하게 누리면서 즐거운 일상을 살고 있다.

장소와 시간에 상관없이 집, 학교, 버스나 지하철, 심지어 도보로 이동 중에도 온라인·오프라인 형태로 컴퓨터, 스마트폰, 게임기를 통해서 다양한 문화 콘텐츠를 접하고 몰입한다.

그리고 이러한 온라인·오프라인 형태의 디지털 미디어 매체의 등장은 중독적 현상들을 일으키는 디지털 약물(게임, 도박, 포르노, 쇼핑, SNS 등)에 대한 쉬운 접근성으로 강박적 과다 사용을 부추기고 있으며 부작용으로 강력한 의존성 현상인 중독(Addiction)이 광범위하게 발생하는 사회적 문제들이 대두되고 있다.

---

27. [용어 정리] 도파민 : 중뇌의 흑질(Substantia Nigra, SN)과 복측피개야(Ventral Tagmental Area, VTA) 영역의 도파민 신경 세포에서 분비되어 신경 신호 전달뿐만 아니라, 의욕, 행복, 기억, 인지, 운동 조절 등 뇌에 다방면으로 관여한다. 뇌에서 분비된 도파민은 뉴런과 합성된 후 세포 속에 충전되어 활동 전위를 자극한 뒤 다시 방출된다. 뇌에 도파민이 너무 과도하거나 부족하면 ADHD, 조현병, 치매, 우울장애 증상을 유발하기도 한다. 흑질의 도파민을 생성하는 세포가 특이적으로 파괴되어 운동 능력이 점차 떨어지는 질환이 파킨슨병이다.

특히 뇌 발달이 완전히 이루어지지 않고 기질이나 성격이 성숙하지 못한 채로 환경이나 세상에 부적응을 보이는 청소년·청년기의 친구들에게 편향된 미디어 매체의 쉬운 접근과 과다 사용으로 인한 게임 중독, 스마트폰 중독, 도박 중독 등은 (도파민 보상의 신경적응과 내성으로 인해) 심각한 의존중독 문제를 일으킬 수 있고, 아이들은 쾌락과 고통을 넘나드는 불안정한 노예 상태로 길들여진다.

그리고 과보호, 낮은 자존감, 참을성 부족과 자기 조절 미숙, 자기중심적 사고로 길들여진 아이들의 지루하고 낯설고 힘든 현실로부터 자신을 보호하기 위한 회피적 방식의 강박적 과다 사용은 고통을 더 악화시키게 되고 무기력과 불안 및 우울 관련된 심리(마음) 문제를 증가시키게 된다.

이들은 고통을 느끼고 대면하기보다는 나쁜 보상을 먹고 회피하는 것이 더 편한 것이다. 그렇게 익숙해지고 자신을 잃어버리게 된다.

뇌의 '항상성' 조절과 회복 그리고 중독

우리 몸이 자율신경계의 교감신경과 부교감신경에 의해서 항상성(Homeostasis)[28]이 유지되듯이 우리의 뇌도 전반적인 세포의 항상성을 높이기 위해 기능을 하고 있다.

예) 약물중독과 도파민 기전

---

28. [용어 정리] 항상성(Homeostasis) : 변수들을 조절하여 내부 환경을 안정적이고 상대적으로 일정하게 유지하려는 계의 특성

뇌 항상성 신경적응·속성내성, 중독의 특성

한국한의학연구원 서수연 박사는 유튜브 〈안될과학 Unrealscience〉 방송에서 '뇌의 항상성 기능', '도파민과 중독의 특성'에 대해 다음과 같이 설명한다.[29]

신경적응, 속성내성
우리 뇌도 몸과 같은 작용을 합니다. 뇌의 항상성 조절 및 회복 기능입니다. 우리의 뇌도 전반적인 세포의 항상성을 유지하기 위해 학습 능력을 통해 신경적응과 속성내성으로 항상성을 회복·조절하는 기능을 하고 있습니다.

예) 약물중독과 도파민 기전, 술, 담배

알코올을 처음 흡수하게 되면은 가바(GABA)[30]를 억제해서 도파민 분비가 증가되고 뇌는 도파민 수용체를 증가시킨다. 그리고 도파민보다 수용체가 많아져서 쾌감이 없어지게 (무 쾌감 상태) 되고 뇌는 ('수용체를 너무 많이 만들었나, 그럼 수용체를 좀 줄여 보자' 하고) 수용체의 개수는 줄이지만 뇌는 알코올 흡수로 도파민이 늘었던 것을 기억해서 도파민이 더 이상 분비가 되지 않게 하고 '알코올을 먹으면 회복되잖아'라고 합니다.

도파민이 분비되는 모든 뇌 회로가 이런 식으로 작동을 해요. 수용체의 양이 늘어났다가 이걸(수용체) 다시 줄였다가 도파민은 나오지 않고 감각 자체를 느낄 수 없을 만큼 무뎌지는 거죠. 그래서 음주를 했을 때 도파민 분비로 인해 '기분 좋은 기억'이 생기고 자꾸 찾게 되는 중독 즉 의존중독이 생기게 되는 겁니다.

---

29. [유튜브] 안될과학 Unrealscience, "마약, 알코올이 뇌를 망가뜨리는 원리? 치료법 연구는 어디까지 왔을까?! (한국한의학연구원 서수연 박사)", www.youtube.com/watch?v=gjLZGRVuKkI

30. [용어 정리] 가바(GABA) : 중추신경계에 존재하는 대표적인 흥분 억제성 신경전달 물질, 가바를 억제하면 도파민 분비가 증가한다.

근데 금주 기간에는 알코올이 없는 상태가 되고, 그러면 가바의 분비가 증가하여 도파민 분비가 억제되고 있어서 기본적으로 우울하고 감정을 못 느끼는 상태가 돼요.

다시 음주를 했을 때, 처음에 음주를 한 것만큼 도파민이 나올까요?

그렇지는 않습니다. 술을 했다는 기억 때문에 이 기억이 가바를 또 흥분시키기 때문입니다. (왜냐하면 기억이 가바를 흥분시켜 술을 다시 마셔도 전처럼 좋지 않은 상태가 됩니다.)

처음 음주 시에는 알코올이 흡수되면서 가바를 억제(↓)해 도파민 분비가 증가(↑)하고 뇌의 항상성 유지 기전인 신경을 적응하기 위한 신경적응 과정이 이루어지고, 알코올을 재음주 시에는 기억에서 온 활성들이 가바를 활성화(↑)합니다.

우리의 뇌는 사람이 너무 쾌락만 추구하다 보면 죽을 수도 있습니다. 과활성이 되면 쾌락도 과하면 죽을 수 있어서 중화가 필요하기 때문에 뇌의 항상성 유지 기전인 신경적응 과정을 진행하고, 너무 과활성이 되는 감정을 절제시켜 항상성을 유지하기 위해서 빠른 내성 작용을 만들어서 이 즐거움을 상쇄시키려고 노력을 합니다.

이처럼 우리는 쾌락을 주는 물질이 외부에서 들어오면 (뇌의 항상성을 유지하기 위한 신경적응 과정으로) 뒤이어서 분명히 내부에서 고통 물질이 만들어져서 따라옵니다. 즉 쾌락 물질 비슷한 게 등장만 하더라도 이미 만들어진 고통 물질이 와르르 몰려들게 되는 겁니다. 그래서 뭐 일부 약물에 중독된 사람들은 쾌락 물질이 들어온다고 쳐도 (이미 몸속에서 너무 많은 고통 물질들이 만들어졌기 때문에) 점점 쾌락이 적어지고 크게 감흥이 없는 별로 없게 되는 겁니다.

제가 고통이라고 좀 과격한 표현을 쓰기는 했는데, 너무 과활성이 되는 감정을 절제시켜 주는 거죠. 항상성 유지를 위해서….

　예) 술 담배

중독의 특성 '초콜릿 vs 알코올'
우리가 처음 초콜릿을 먹을 때 자극이 되어 뇌가 반응하게 됩니다. "어 이게 뭐지, 되게 좋은데, 뭐야 이거 되게 좋은데, 이거 또 먹으려면 어떻게 해야 돼!" 이런 생각이 들죠.

그러면 뇌에서 도파민 분비가 늘어났으니깐 왜 늘어났는지 기억도 하고, 어떻게 하면 또 들어올 수 있는지도 기억을 합니다. 그리고 도파민이 늘어났으니깐 도파민 수용체도 좀 더 만들고…. 이렇게 초콜릿을 점점 더 찾게끔 우리의 뇌가 시스템이 돌아갑니다.

그렇지만 초콜릿은 정말 많이 먹어도 중독되지는 않습니다. 새로움(Novelty)이 없어지게 되면은 멈출 수가 있는 겁니다. 알코올 같은 경우는 처음 먹어 봤더니 기분이 너무 좋은 거예요.

뇌 속에서 이제 리모델링(remodeling)을 거치고 "어떻게 하면 이걸 더 먹을 수가 있는가!" 자꾸 하다 보면 시스템이 바뀌어 버립니다.

자신의 의지는 더 이상 중요하지 않게 됩니다. 머릿속으로 아무리 "아, 나 인제 그만 먹어야 해! 이거 내 건강을 해쳐!"라고 생각을 해도 아무 의미가 없어요. 내 머릿속을 건너뛰고 바로 뇌로 작용을 하기 때문에 자신의 존재가 무의미해지는 겁니다.

좋은 중독 vs 나쁜 중독

유튜브 〈브레인프로〉 방송에서 도서 《당신의 공부는 틀리지 않았다》[31]의 좋은 내용에 자신의 경험과 의견을 곁들여 '도파민과 중독의 원리로 본 좋은 중독과 나쁜 중독'에 대해 다음과 같이 설명한다.[32]

> 뇌과학적 관점에서 보면 중독은 '나쁜 중독'과 '좋은 중독'이 있다.
>
> 나쁜 중독은 어떤 욕구에 대해 별다른 노력 없이 즉각적으로 보상을 얻는 중독이다.
>
> 예) 유튜브, Shorts, 게임 등
>
> 좋은 중독은 어떤 욕구가 생겼을 때 일정한 시간과 노력을 들여 보상을 얻는 중독이다.
>
> 예를 들어 시간과 노력을 들여 자격증을 획득하는 과정에서 최선을 다해 공부할 때도 성취감, 자기 통제감을 느껴 도파민이 분비된다. 이렇게 결과뿐만 아니라 과정 자체도 의미 있게 여겨 보상으로 간주한다.
>
> 예) 자격증, 공부
>
> 만약 우리가 스트레스를 받아서 해야 할 공부나 운동을 빼먹을 때 뇌의 보상체계 관점에서 보면 운동을 가지 않음으로써 별다른 노력 없이 '편안함'이라는 보상을 맛보게 되는 겁니다.

---

31. [도서] 사오TV, 《당신의 공부는 틀리지 않았다》, 다산북스, 2022
32. [유튜브] 브레인프로뇌과학과 자기계발의 모든것, "도파민 중독 원리편 [집중력과 의지력이 낮아진 뇌를 회복할 수 있다.] | 성공하는법,세로토닌, 뇌과학, 미루기, 습관", www.youtube.com/watch?v=GMmjT9e4GZs
    〈참고〉 [도서] 사오TV, 《당신의 공부는 틀리지 않았다》, 다산북스, 2022

이렇게 욕구에 대해 '즉시 편안함' 보상에 길들여지게 되면 집중력은 떨어지고 의지는 생기지 않아 노력은 더더욱 할 수 없는 상태의 뇌가 되어 버립니다.

즉 '별다른 노력 없이 즉시 보상을 얻을 수 있는 나쁜 중독'의 보상체계에 빠져서 헤어 나오지 못하는 상태가 될 수 있습니다.

이런 나쁜 중독(욕구-즉시→보상)은 뇌의 보상체계에 도파민이 과도하게 분비되면서 도파민 뉴런들의 전기생리학적 활성도가 떨어지게 되고 곧 도파민에 내성이 생기고 분비되는 도파민의 양도 줄어듭니다.

나쁜 중독에 빠지면 같은 양의 도파민이 분비되어도 쾌감(만족)을 잘 느끼지 못하게 됩니다. 그리고 쾌감이 낮으니 시간과 노력이 들어가는 일반적인 도파민 보상체계(욕구+노력→보상)는 더 이상 작동하지 못하게 되고 충동적이고 '즉시 편안함' 보상을 추구하는 나쁜 중독의 삶을 지속해서 살아가게 됩니다.

도파민의 경로는 통제회로라 불리는 중뇌 피질 경로와 욕망 회로라 불리는 중뇌 변연계 경로입니다.

중뇌 피질회로는 도파민이 복측피개영역(VTA)에서 전전두피질을 포함한 전두엽 전체로 뻗어 나가는 경로로 이 경로로 도파민이 분비되면 전전두피질이 활성화되어 이성적 사고, 합리적 판단, 통제력, 미래가치를 생각하는 능력이 향상됩니다. 즉, 노력의 가치를 높이 사는, 노력 그 자체를 보상으로 생각할 수 있는 좋은 중독(욕구+노력→보상) 쪽으로 힘이 실리게 됩니다.

반면 욕망 회로라 불리는 중뇌 변연계 회로는 도파민이 복측피계영역(VTA)에서 변연계 전체로 뻗어 가는 경로이고 이 경로로 도파민이 분비되면 변연계(우울, 불안, 쾌락 등 인간의 감정과 관련된 뇌의 영역)가 활성화하게 되어 불안이나 우울한 감정이 더 강렬해지거나 쾌락만을 추구하는 충동적인 행동을 할 가능성이 커집니다.

즉, 즉각적인 보상만을 바라는 나쁜 중독(욕구-즉시→보상) 쪽에 큰 힘이 실리게 됩니다.

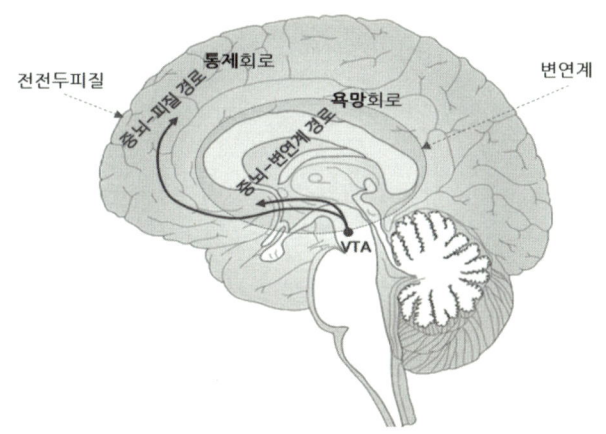

도파민 보상 경로 '중뇌-피질 경로, 중뇌-변연계 경로'[33]

---

33. 〈참고 자료〉
[유튜브] 브레인프로뇌과학과 자기계발의 모든 것, "도파민 중독 원리편 [집중력과 의지력이 낮아진 뇌를 회복할 수 있다.] | 성공하는법, 세로토닌, 뇌과학, 미루기, 습관", www.youtube.com/watch?v=GMmjT9e4GZs
[유튜브] 신교수의 한 장강의, "쾌락과 보상의 호르몬도파민 4가지 경로", www.youtube.com/watch?v=q4FsQ9i0Ro
[웹사이트] 도파민 시스템과 보상처리, https://intarchmed.biomedcentral.com/articles/10.1186/1755-7682-7-29

이처럼 현대 사회에 만연된 '즉시 편안한 보상'의 나쁜 중독과 자극에 의한 의존중독 메커니즘은 성장 과업을 달성해야 하는 청소년들의 건강한 성장에 반하는 다양한 심리문제·정신문제·행동문제를 일으키고 있다.

게임·유튜브·SNS 등의 '즉시 편안한 보상'에 빠져 행복과 고통을 함께 경험하면서 청소년기·청년기의 소중한 시간과 기회를 잊어버리는 친구들이 많아지고 있다.

가랑비에 옷이 젖듯이 재미와 즐거움을 쫓다가 생활 방식이 망가지고, 학교도 안 가고, 의존 가면을 쓰거나 폭력적인 상태로 저항하면서 또래와 학교 사회로부터 고립되어 우울과 불안의 늪에서 벗어나지 못하는 친구들이 증가하고 있다.

〈사례 8. 후견인〉
신체·기질·환경의 부적응 품행 문제의 변화과정과 성장

보호시설 기관장 : 내일 아이가 소년원 송치되는 거로 결정되었습니다. 잘 데려다주세요.

(중략)
(소년부 재판장)

상담사 : (두 눈에 눈물이 흐르고 있었다. 그냥 마음에서 흐르고 있었다.)

> 판사 : 누구세요?
>
> 상담사 : 담당 사회복지사 대신에 제가 보호자로 참석했습니다.
>
> (중략)
>
> (판결) 보호 처분 6호 소년 보호시설에 감호위탁, 6개월/6개월 연장 가능
>
> (소년부 재판장 밖에서)
>
> 아이는 나를 끌어안고 "살았어요."라고 외쳤다!

보호시설에서, 이 아이 때문에 다른 모든 아이가 거리로 나가겠다고 난리가 났다. 모든 책임을 내가 지고 아이의 담당을 맡기로 하였다. 기간은 6개월, 그 이후에는 다시 소년원에 갈 수도 있는 상황이었다.

아이의 심성은 착했으나 심한 과잉행동·충동성 문제로 또래 관계에 문제가 있었으며 인지적 성숙이 또래보다 느렸다. 또한 이미 절도 등의 다양한 비행 경험과 비행 친구들이 많았다.

아이의 ADHD 충동성 조절을 위한 훈련을 의사의 조언을 받아 약물 복용과 함께 진행하였으며 기상과 동시에 일정한 패턴의 생활을 할 수 있도록 훈련(Training)하였다. 그리고 언제나 아이를 데리고 움직였고 세상과 사람에 대한 인지를 넓히는 소통 과정을 진행하였으며 일부러 일을 시켜 용돈을 벌게 하여 스스로 자기 관리를 하도록 하였다.

그러던 중 어느 날 아침에 아이가 터졌다. 아이는 변화에 대해서 저항하고 있었다. 그날은 둘이 심한 다툼을 하였다.

> 아이 : 대체 왜 나만…. 그래요.
> 상담사 : 내가 왜 그런지 몰라?
> 아이 : 몰라요.
> 상담사 : 너를 가장 아껴…. 사랑…. 싫으면 그만해.
> 아이 : (당황하더니 그냥 고개 숙이고) 죄송합니다. 잘못했어요.

가출한 지 수년 만에 집으로 복귀할 수 있게 되었고 고등학교도 다시 다닐 수 있게 되었다. (처음에는 5분도 앉아 있지 못하던 아이가 이제는 책상에서 30분을 앉아 있을 수 있게 되었다.)

아이가 집에 가기 전에 아버지 선물을 사고 싶다기에 함께 대형 할인점에 갔다. 아이가 "예전에는 제 주머니에 몇십만 원씩 있었고 음식도 몇십만 원짜리 아니면 안 먹었는데요. 지금은 5천 원이 얼마나 소중한지 알겠어요." 하면서 2시간을 고민하고 돌고 있는 것이었다.

이제 그 아이는 20대 후반이다. 가끔 전화해서 '잘 지낸다'고 한다. 사회에서 자기의 역할을 하면서 행복을 실현하며 살아가고 있다.

이 그룹에 있는 아이들의 대다수는 법적인 문제를 동반한 채 청소년기를 거리와 보호시설, 소년원에서 보내게 된다. 그 원인이 타고난 기질 때문인지 아니면 후천적 환경 등의 요인 때문인지 간에 아이들은 쉽게 망가지고 오염되는 과정을 경험하며 성장한다. 그리고 대다수 아이는 뇌 기능이 발달하면서 의식이 발달하는 청년기와 성인기가 되면서 스스로 문제를 수정하고 사회에 적응하려고 노력한다.

하지만 뒤늦게 합류한 새로운 방식의 삶에 익숙하지 못한 불안정한 상태와 세상에 나가면서 습관, 성격, 정체성이 안정되게 자리 잡지 못하고 사회적 능력과 기술을 충분히 준비하지 못한 것에서 오는 어려움과 불안, 우울, 중독 등의 심리적·정신과적 질환을 치료해야 하는 문제가 남아 있다.

이들을 부모나 선생이 감당할 수는 없다. 성장 과정의 아이들에게는 외부 자극의 반응 방식에 일정한 패턴이 없다. 왜냐하면 반응기준을 의미하는 사고기준, 정체성이 형성되지 않았기 때문이다.

그래서 이들의 유기체적 모양은 바이러스처럼 계속해서 모양을 바꾸어 가며 성장하지만 보호자는 일정한(일관된) 모양이 형성된 기준과 정체성으로 아이들에게 접촉하게 되고 맞지 않은 모양으로 맞추려고 접근하면서 갈등과 충돌이 발생한다.

또한 아이들의 문제행동에 반응하기에는 부모나 보호자들의 에너지 소진이 너무 크다. 에너지가 넘치는 아이가 천지 분간 못 하고 날뛸 때 이를 감당할 수 있는 부모나 선생은 거의 없다. 그리고 미숙한 상태에서 다양한 사고와 행동에 유연하게 대처하여 소통하고 이끌 수 있는 전문가적 교육과 임상을 지닌 부모나 선생도 없다.

만약 위에 나열된 것들에 대한 능력을 갖추고 있을지라도 본인의 자녀이기 때문에 안 된다. 객관화되지 못한 상태에서 자녀를 바라보고 접근하면 버티지 못하고 기다리지 못해서 관계를 망치게 된다.

아이들의 모습이 끊임없이 변하면서 충동적 행동과 공격적 행동으로 주변을 지치고 아프게 할지라도 그들에게 맞추어 관계를 유지하면서 버티고 기다려 주며 적절한 반응을 보이고 이끌어 주는 것은 매우 어려운 것이다.

아동기가 지난 청소년기 이후의 아이들에 대한 부모의 역할은 안전한 보호장치를 마련해 주는 의식주 제공 이외에는 거의 없다. 이후의 아이들은 또래와 세상으로부터 배우고 성장한다. 아이가 어떻게 경험하고 학습하고 성장하는지는 오로지 아이 자신에 의해서 결정 된다.

만약 아이들이 어떤 것도 배우지 못하고 성장할지라도 안타까워할 필요는 없다. 우리의 인생에서 가장 큰 스승인 세상으로부터 아이는 배우면서 성장하고 자신의 삶을 살아가게 될 것이기 때문이다. 다만 시간이 걸릴 뿐이다.

부모가 죄책감을 느끼는 것은 의미가 없다. '제대로 함께하지 못했다'는 미안한 마음의 부채의식은 문제행동을 더 고착시키는 경우가 대부분이다. 오히려 이런 마음은 가정을 흔들고 와해시켜 아이가 긴 방황의 시간을 지나 회복되고 안정되려고 할 때 되돌아갈 가족이 없어지게 한다. 그러면 아이는 홀로 남겨지게 된다.

비록 마음이 아플지라도 그건 마음속에만 간직해야 한다. 이러한 마음을 드러내는 순간 본능적 충동이 강한 아이는 그런 점을 이용하고 활용하여 더욱 나쁜 상태로 빠지게 된다.

실제로 기나긴 가출과 비행 생활 이후에 가정으로 복귀하는 대다수 아이들 중에 일부는 부모의 재산을 탐하거나 의지하기 위해 귀가하였다. 변하거나 변하고자 한 게 아니라 가면을 쓰고 가정에 복귀하는 것이다. 왜냐하면 그들에게는 도덕적 의식보다는 편안한 삶이 더 우선시되기 때문이다.

이들에겐 전문가가 필요하다. 혼란스러운 성장통을 열정적이고 분명한 의도를 가지고 함께 나눌 수 있는 그런 사회복지사, 인지적으로 건강한 사고와 행동 기준을 만들어 주는 상담사, 상처와 트라우마로 인한 심리와 마음의 문제를 치료할 치유사, 습관과 성격이 개선되고 성숙해질 수 있도록 훈련하는 코치가 필요한 것이다. 그리고 이 모든 것을 통해서 건강한 성격과 정체성이 형성되는 것이다.

〈사례 조각 1. 신체·기질·환경의 부적응 아이들〉

추운 겨울밤, 차에서 휴지 눈송이를 날리던 아이들이 생각난다.

서너 달을 거리에서 방황하던 아이들이 집과 학교에 복귀하는 전날 밤이었다. 아이들이 바다에 가고 싶다고 해서 보호자들께 허락을 요청했다가 혼이 나고, 달리는 차에서 휴지 눈송이를 만들어 날리며 소리치고 좋아하던 아이들의 모습…. 아이들은 눈 내리는 겨울 바다를 달리고 있었다.

기질적·성격적으로 극단적이고 미숙한 아이들은 양육과 환경 속에서 배척되고 방황하는 상황 속에서 강할수록 부러지기 쉽다. 자신을 조절하지 못하고 충동적이고 공격적으로 행동하는 어린 짐승들이다.

⇒ 품행 문제를 보이는 그룹 고찰 '신경발달장애 및 지능발달 저성취 문제'

② 신경발달장애

청소년·청년기의 부적응과 관련되는 주요 장애로는, 뇌의 발달 지연이나 뇌 손상 등과 관련되어 정신장애가 나타나는 신경발달장애(Neurodevelopmental Disorders)가 있으며 자폐스펙트럼장애(Autism Spectrum Disorders), 주의력결핍/과잉행동장애(Attention-Deficit/Hyperactivity-ADHD), 의사소통장애(Communication Disorders) 등이 이에 해당한다.

자폐스펙트럼장애(Autism Spectrum Disorders)

자폐스펙트럼장애(ASD)는 발달적인 지연이 다양한 영역에서 나타날 수 있으며, 언어 발달 어려움과 다양한 언어장애가 나타날 수 있다. 고지능부터 지적장애까지 다양한 인지능력을 보이며 사회적 상호작용과 의사소통에 심각한 어려움을 겪을 수 있다.

아스퍼거증후군은 ASD의 한 형태로 일반적으로 정상적인 지능과 언어 발달로 일반적인 의사소통 능력은 갖추고 있지만, 사회적 부분에서 이해하고 해석하는 사회적 상호작용과 대인관계를 맺고 유지하는 데 어려움을 겪을 수 있다.

일반적으로 언어 발달에 대한 지연 현상을 보이지 않기 때문에 청소년·청년기에 모르거나 은폐된(Masking, 가려진) 상태로 지나 성인이 되어서 진단을 받는 경우도 있다.

청소년·청년의 부적응 문제행동과 관련되는 자폐스펙트럼장애에 대해 도서 《자폐와 아스퍼거 치료를 위한 의학적 접근법》과 유튜브 〈닥터토마토〉에서 저자 김문주 대표원장은 다음과 같이 설명한다.[34]

3단계 신경학적 퇴행의 손상 부위와 증세[35]

자폐스펙트럼장애(ASD)는 결코 선천적인 질환이 아니며 퇴행성 질환임을 반복적으로 확인하였다. 퇴행은 영아기에 한정된 것이 아니라 생애주기를 거치며 지속되며 악화되는 경향을 보인다. 영아기 퇴행이 1차 퇴행이며, 유아기 및 아동기에 걸쳐서 진행되는 퇴행과정이 2차 퇴행이다. 그리고 이후 2차 퇴행 이후에 언어발달이나 인지발달이 이루어지지는 않는 아이들은 연속적으로 빠르게 3차 퇴행과정을 거치게 된다. (모든 ASD 환자가 3단계 퇴행을 모두 거치는 것은 아니며, 1차 퇴행에서 멈추는 경우도 있고 2차 퇴행에서 멈추는 경우도 있다.)

1차 퇴행은 영아기에 진행되는 바이러스 감염에 의한 퇴행이다. 이때 중추신경계 손상은 뇌간 부위에서 진행된다. 신경학적인 손상의 결과는 감각장애와 출력장애로 나타난다. 뇌간부의 손상은 자율신경계의 손상을 유발하며 변연계의 이상까지 유발하여 감정조절 능력의 손상까지 만들어진다.

---

34. [도서] 김문주, 《자폐와 아스퍼거 치료를 위한 의학적 접근법》, 와이겔리, 2024
   [유튜브] 닥터토마토, www.youtube.com/@Kdr.tomato
35. [도서] 김문주, 《자폐와 아스퍼거 치료를 위한 의학적 접근법》, 와이겔리, 2024

결국 ASD의 사회성장애와 상동행동을 규정하는 본질은 감각처리장애와 자율신경장애(감정조절장애 포함)이며, 이는 영아기 1차 퇴행 과정에서 모두 완성된 형태로 발생한다.

2차 퇴행은 장내세균총의 불안정으로 인한 반응성 약화 및 종합수행능력 저하 현상이다. (몰입장애 상태의 아동은 외부 자극에 거의 반응하지 못한 채 대뇌피질에서 스스로 발행시키는 내부 자극에 몰입한다. 즉 ASD 아동은 외부에서 어떤 사람이 있는지에 상관없이 내부 대뇌피질에서 발생시키는 기억이나 상상 세계에 빠져들어 현실에 반응하지 못한다.)

몰입장애가 만들어질 즈음에는 당연히 현실에 반응하지 못하니 인지장애도 심화된다. 또한 흥분과 분노 폭발을 보이는 경우도 많고, 큰 특징 중 하나로 언어 퇴행이 관찰되기도 한다. 우리가 전형적으로 언어능력까지 소실되는 ASD로 분류하는 증세들은 1차 퇴행과 2차 퇴행이 모두 진행되는 경우에 관찰된다. 그래서 나는 자폐의 원인을 2중 감염이라 표현하기도 한다. 이는 바이러스 감염과 장내세균 감염이 동시에 나타나는 증세라는 점을 강조한 표현이다.

3차 퇴행은 대뇌피질의 전반적인 조직적 손상이 심화되면 만들어지는 것이다. 핵심 증세는 지적장애로 퇴행과 뇌전증이 발생한다.

> ASD는 제자리에 가만히 있는 단순한 사회성 장애가 아니다. 하루하루 악화되는 퇴행성 장애인 것이다. 그러니 기능적인 교육을 진행하면서 기능적인 개선을 자폐증의 호전이라고 생각하는 부모들과 의료진은 심각한 착각에 빠진 것이다. 그러는 사이 몇 가지 기능은 개선될지 모르지만 뇌 조직은 비가역적인 손상을 향해 가고 있는 것이다.

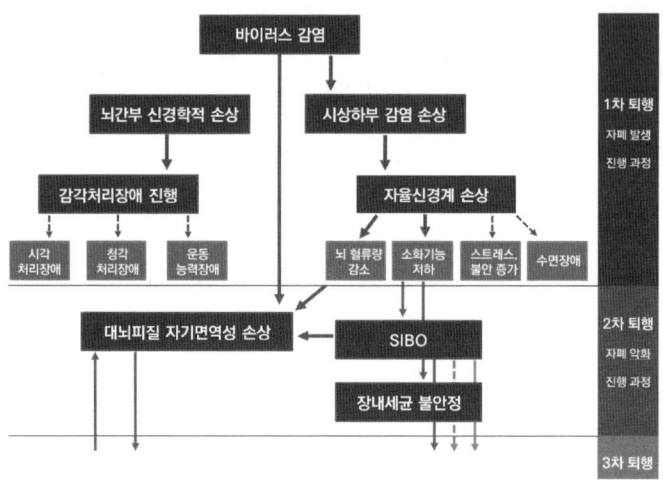

자폐 발생과 악화 모식도 中 1차-2차 퇴행 진행 과정[36]

자폐스펙트럼 장애 원인과 사회성 발달[37]

자폐스펙트럼 장애가 만들어지는 원인은 뇌간부의 손상에서 오는 ①감각처리장애와 시상하부 손상으로부터 오는 ②자율신경 조절장애이다.

감각처리장애가 심각하게 문제되는 아이들은 주로 중증자폐 아동들이다. 아스퍼거증후군으로 넘어가게 되면 감각처리장애는 상당히 약해져 있고 자율신경 조절장애가 오히려 큰 문제로 부각되는 경우가 많다.

따라서 감각처리장애와 자율신경 조절장애 두 가지 모두 해결해야 된다.

---

36. [도서] 김문주, 《자폐와 아스퍼거 치료를 위한 의학적 접근법》, 와이겔리, 2024, [도표 4] 자폐 발생과 악화 모식도
37. [유튜브] 닥터토마토, "자폐증 원인 자율신경장애 4가지 증상 : 불안공포장애, 소화장애, 수면불안정, 각성조절장애", www.youtube.com/watch?v=ErL6tZjlGMs

그래야 사회성 발달에 대해서 가장 완벽하게 회복된 아동이라고 할 수 있다.

자율신경 조절장애의 4가지 증세인 '①불안·공포 장애, ②소화 장애 ③수면불안정 ④각성조절장애'와 같이 맞물려 있으면 자폐스펙트럼장애 아동이 사회성을 발달시키기 굉장히 어려운 상태가 된다. 이 4가지 문제가 깔끔하게 해결돼야만 거의 완벽한 사회성 발달로 진입할 수 있다.

ASD 범주 외에 사회성 장애를 동반하는 신경학적 퇴행 향상[38]

정상발달 중 신경학적인 퇴행이 분명히 관찰되지만 감각처리장애가 존재하지 않기에 사회적인 교류능력에는 손상이 없는 소아청소년기 정신과적 질환이 존재한다.

① 트라우마 없는 소아 불안장애·우울장애(1차 퇴행 중 자율신경장애의 단일한 퇴행)

: 이들의 히스토리를 추적하면 영아기에 자율신경장애성 퇴행 현상이 있었음을 확인할 수 있다.

> 아기의 입면장애 및 수면유지장애 등의 수면장애가 나타나며 배변이 불안정해지며 심한 변비에 시달리는 경우가 많다. 그때쯤 아이는 예민해지면서 심각한 분리불안을 호소하고 외부 활동에 두려움과 공포 반응을 호소한다. 그러나 감각처리장애는 거의 없기에 안정적인 시선처리 및 청각처리 능력을 유지하고 있어 사람들과의 상호작용 능력 자체는 유지된다. 단 두려움과 공포 반응이 극심하고 우울감에서 오는 소극성으로 사회활동이 위축된 양상을 보인다.

---

38. [도서] 김문주, 《자폐와 아스퍼거 치료를 위한 의학적 접근법》, 와이겔리, 2024

② 순수한 ADHD(1차 퇴행 없이 2차 퇴행만 존재)
: ASD를 치료하는 임상가들은 한결같이 ADHD를 ASD와 구별되는 별개의 질환으로 보지 않는다. ASD에서 나타나는 스펙트럼장애의 한 형태로 이해하고 있다.

경증의 ASD는 자폐 성향이 호전된 이후에도 상당 기간 ADHD 증세를 보인다. 이때 이미 진행하던 치료를 지속하면 ADHD 증세도 역시 시간 차를 두고 어렵지 않게 호전된다.

즉, ASD와 ADHD 증세는 신경학적으로 연속선상에 있는 것이다.

이들의 증세를 진찰해 보면 감각처리장애가 없는 경우가 대부분이다. (이는 바이러스 감염에서 진행되는 1차 퇴행이 존재하지 않음을 의미한다.)

또한 ADHD 증세는 과당류나 당류에 아주 민감하게 반응하는 경향을 보인다. 먹는 음식에 증세가 민감하게 의존성을 보인다는 것은 장내세균의 불안정이 ADHD 증세를 유발하고 악화시키는 데 관여하기 때문으로 추정된다. 즉 ADHD는 영아기 퇴행이 없는 장내세균에 의한 2차 퇴행 증세일 가능성이 매우 높다.

아스퍼거증후군[39]

인지기능이 좋고 언어가 유창한 아스퍼거증후군 같은 경증의 ASD는 아동기에는 별문제 없이 성장하는 경우도 많다. 증세가 경미할수록 학령기 교유 관계에서 문제가 발생한다.

단순 놀이가 반복되는 저학년에는 문제가 은폐되어 있다가 고학년으로 올라가면서 놀이와 대화가 복잡해지면서 또래 집단의 화용적인 대화에서 뒤처진다. 그 결과 공공연하게 친구들에게 공격과 냉소를 받는 왕따 현상으로 고통받기도 한다. 격렬한 왕따는 아닐지라도 사실상 친구 관계가 없이 혼자 지내는 사회적 고립상태에 빠진다. 이때쯤 되면 자신감이 부족해지면서 불안·우울 증상을 동반하며 스스로 교류를 포기하는 현상을 보이기도 한다.

> 그나마 인지행동치료가 적용되기도 하는데 이 방식으로는 사회성 발달을 능동적으로 만들어 내기 어렵다. 인지행동치료에서의 교육은 특정한 공간에서의 사회적인 행동 규칙을 반복적으로 숙지시키는 방식으로 이루어진다. 이 과정을 통해 문제행동이 사라지고 사회적인 규칙이 잘 엄수되면 이를 호전된 것이라고 착각한다. 그러나 이는 매우 제한된 조건에서만 행동 재현이 될 뿐이다. 변화된 환경에서는 응용력 있는 대응을 하지 못하고 기계적인 대응으로 미숙한 사회성이 드러나게 된다.

---

39. [도서] 김문주, 《자폐와 아스퍼거 치료를 위한 의학적 접근법》, 와이겔리, 2024

아스퍼거증후군 특징과 분별[40]

- 공감 능력이 부족하다.

  (지능이 좋은 친구들은 학습을 통해 공감하는 것처럼 흉내(마스킹)를 낸다.)

- 거의 대부분 친구가 없고 따돌림당한다.

- 표정이 없거나 이상한 표정을 짓는다.

  (굉장히 심한 경우에만 해당한다. 거의 자폐증의 경계에 있는 아이들이며, 경증에는 해당 안 된다.)

- 신체 움직임이나 동작이 어색하고 서투르다.

  (거의 다 있는데 전문가가 아니면 구분하기 어렵다. 감각장애 때문에 신체 조작 능력이 떨어져서 소근육 운동뿐만 아니라 여러 가지 복잡한 동작들을 재현하고 추진하는 데 어려움을 겪는다.)

- 흥미나 관심이 폭넓지 않고 제한적이고 반복적이다.

  (자기 분야 자기가 관심 꽂은 데만 반복적으로 한다.)

- 자기 방식만을 고집하여 타인과 관계 맺기가 안 된다.

  (뭐 하나에 꽂혀 버리고 자기가 하고 싶은 대로 하려고 양보가 잘 안된다. 어린아이 같은 경우 줄서기가 잘 안된다. 커서는 토론할 때 논쟁을 할 때 합리적인 양보나 합리적인 재고가 잘 안된다. 세련된 애들은 해낸다.)

- 목소리 톤과 리듬이 이상하거나 시선 처리가 이상하다.

  (감각장애의 일종인데 멀쩡한 경우가 대개 많다.)

- 말을 잘하지만 상대방의 수준과 요구에 맞춘 언어를 사용 못 한다.

  (자기 얘기만 하고 상대방에 맞춰서 안 한다. 알아채기 어려운 애들이 많다. 그냥 고집불통인 애같이 느껴진다.)

---

40. [유튜브] 닥터토마토, "아스퍼거증후군 자가진단법", www.youtube.com/watch?v=AoTIG-CMzQE

- 비언어적 행동들 부족하고 어색하다.

    (말은 잘하지만 눈 맞춤, 표정, 몸짓 및 제스처 관련해서 부족하고 어색하다.)

- 적절한 교류를 하지 못해 발달 수준에 적합한 친구 관계를 형성하지 못한다.

- 행복과 기쁨을 나누고자 하는 자발적인 행동이 없다.

    (자기감정을 전달하고자 하는 노력을 잘 못한다. 양해를 구하고 이해를 구하고 공감을 구하는 노력 자체도 못 한다.)

- 감각 추구가 있고, 몰입 현상이나 강박현상이 있다.

    (그런데 언어능력이나 인지는 무난하다. 말도 잘하고 공부도 멀쩡하다. ADHD에서도 나오기 때문에 아스퍼거증후군만의 특징일 수는 없다.)

- 왕따 경향이 있다.

    (교류를 좋아하는 경우도 있다. 친구들하고 상호작용을 못 하니깐 왕따를 당한다. 노력해도 계속 실패를 해 버리니 아예 시도를 안 해 버리고 자발적 왕따가 된다.

    아무리 내성적인 애들이라도 한둘 짝되는 친구는 있는데 아스퍼거는 그것조차도 잘 못 만든다. 자발적 왕따가 아니라도, 스킬 문제로 인해서 공격당하고 왕따를 당한다.

    즉, 아이가 호감을 갖고 행동을 하는데도 왕따를 당하고 있다면 아스퍼거 증후군 의심해야 한다. 다만, 반항장애 공격성으로 인한 왕따는 제외한다.)

- 눈치가 없다.

    (사회적인 맥락을 이해 못 해서 분위기를 못 맞추고 엉뚱한 얘기를 하고 행동을 자꾸 한다. 감정·정서적 교류를 잘 못하고 몸짓이나 제스처를 못 하고 타인의 그런 걸 읽기를 잘 못하니깐 이런 행동이 나오는 것이다.)

아스퍼거증후군 vs ADHD[41]

- 공통 : 집중력 장애

    (자폐, 아스퍼거증후군, ADHD 모두 집중력 장애를 동반한다.)
    우울장애 불안장애 강박장애
    (아스퍼거는 공포나 불안장애 강박장애가 거의 대부분 동반되며 우울증이 동반되는 경향도 있다.)
    전두엽의 미성숙과 변연계의 불안정

- 차이 : 자폐스펙트럼 장애에서 나타나는 자폐증이나 아스퍼거증후군 같은 경우는 뇌간조직의 손상에 의해서 감각처리장애가 있는 거예요. 이상하게 보이고 이상하게 들리고 이상하게 촉감이 느껴지는 이상 상태가 있어서 정상행동을 못 하는 거예요.

    ⇒ 이게 근본적인 이유로, 산만한 행동이나, 집중을 유지 못 하고 과잉행동이 나온다.

    ※ 주의력결핍/과잉행동 장애는 감각처리장애가 거의 없거나 매우 약하거나 심하지 않다.

- ADHD 증상은 아스퍼거 경향이 있다.

    (양방 약물에 반응 없는 ADHD는 거의 아스퍼거이다. 각성장애를 해결해도 감각장애는 해결 못 한다.)

- 나이를 먹어도 개선되지 않은 ADHD는 아스퍼거이다.

    (ADHD의 과잉행동은 성장 과정에서 줄어든다. 전두엽이 자연 성장한다.)

    ※ 아스퍼거적인 산만함과 과잉행동 경향은 감각장애가 원인이기 때문에 전두엽이 성장해도 자연 교정되지 않는다.

- 중증의 ADHD는 거의 다 아스퍼거증후군 경향을 동반한다.

---

41. [유튜브] 닥터토마토, "아스퍼거증후군 ADHD 공통점 & 차이점?", www.youtube.com/watch?v=9EJfWWerIuA

> **[참고] 아스퍼거증후군 3분류 (길버그의 분류, '아스퍼거증후군의 안내')**[42]
>
> ① 무관심하고 초연한 그룹
>
> : 냉정해 보이나 실은 혼자서 멍하게 지내며, 이 생각 저 생각 떠다니는 상태로 계속 산만한 생각들이 든다.
>
> ⇒ 조용한 ADHD 경향
>
> ② 활동적이며 엉뚱한 그룹
>
> : 지나치게 활동적 친화적이라 상대방이 피하게 된다. 과잉행동 동반된다.
>
> ⇒ 전형적인 중증 ADHD로 오인됨
>
> ③ 수동적인 그룹
>
> : 문제를 일으키지 않으면서 다 맞추어 내며 산다. 같이 있으면 맞춰 주지만 혼자 있으면 멍 때리고 집중력 유지를 하지 못한다. 외부와 달리 내부는 '무관심하고 초연한' 그룹이다.
>
> ⇒ 가장 발견이 늦어지는 경향

— 닥터토마토 —

사회적 의사소통 장애(Social communication disorder)

청소년·청년의 부적응 문제행동과 관련되는 '사회적 의사소통 장애'에 대해 유튜브 〈정신과의사 뇌부자들〉 방송에서 다음과 같이 설명한다.[43]

---

42. [유튜브] 닥터토마토, "아스퍼거증후군 ADHD 공통점 & 차이점?", www.youtube.com/watch?v=9EJfWWerIuA
43. [유튜브] 정신과의사 뇌부자들, "정신과 의사가 알려주는 사회적 의사소통 장애! 자폐와는 다릅니다.", www.youtube.com/watch?v=XPPbgyAI7g0

사회적 상황에서의 언어적, 비언어적 신호들을 이해를 (잘하지) 못함으로써 여러 가지 문제를 일으키게 되며 말하는 기술, 대화의 기술인 '화용 언어'가 잘 발달하지 않아 의사소통에 어려움을 가지고 사회성이 부족한 특징이 있지만, 지적 기능(지능 지수가 정상)에 특별한 문제가 없으며 자폐 스펙트럼 장애로 진단되지는 않는 경우를 말한다.

사회적의사소통장애 vs 자폐스펙트럼장애
자폐스펙트럼장애의 특징적인 증상은 ① '사회적 의사소통 문제'가 한 축이고, ② '어떤 제한된 관심사나 반복적인 언어, 반복적인 행동' 이런 증상들을 또 하나의 축의 특징적인 증상으로 하는 질병이라고 할 수 있다.
그래서 자폐스펙트럼 장애의 경우에는 증상의 정도가 조금 더 심한 경우들도 많이 있게 된다.

〈자폐스펙트럼장애 핵심 증상 '정신과적 동반문제'〉

자해 행동(24~43%), 공격적 행동(25~44%), 강박행동 및 의식(20~86%), 과잉 행동(40%), 강박증(37%), 뇌전증(20~25%), 수면 문제(11%), 불안과 공포(17~70%), 우울·짜증·안절부절(9~44%), 부주의성(50~60%), 틱(10~45%)

자료 출처: 중앙일보, 아이 마음 다이어리

(중략)

사회적의사소통장애는 (자폐나 아스퍼거와는 달리) '자폐의 특징적인 증상인 제한된 관심사, 반복되는 언어와 행동, 이런 것들을 보이지는 않는다'는 게 구분되는 특징이다.

③ 지능발달과 저성취

정상적인 지능 수준 아래인 경계성 지능[44]에서 나타나는 학습지진(Slow Learner)은 모든 교과목에서의 학업성취도가 낮은 수준을 보이며, 언어, 운동능력, 공간능력 등 대부분의 영역에서 발달이 저조하게 된다.

정상적인 지능 수준이지만 뇌의 기능장애나 인지상의 결함과 같은 기질적인 문제로 나타나는 학습장애(Learninng Disability)[45]와 정서·환경[46]으로 나타나는 학습부진(Underachievement)은 개인이 가진 일반적인 능력에 비해 현저하게 낮은 성취도를 나타내거나 학습이나 과제를 올바르게 수행할 수 있는 잠재력을 가지고 있으면서도 이를 제대로 발휘하지 못하게 된다.

이런 문제들로 인해, 또래에 비해 낮은 학업 속도와 성적으로 공부와 학교에 대한 흥미와 동기는 감소하고 학년이 올라갈수록 증가하는 학업 난이도의 어려움으로 인하여 학업이나 또래 관계에 심각한 부적응과 무능감과 열등감을 경험하게 된다.

이들은 힘들어서 못 견디고 스트레스와 불편감에 대해 무기력·우울-불

---

44. [용어 정리] 경계성 지능 : 지능의 진단적 분류(K-WAIS-IV), 경계선 Borderline 70~79
45. 듣기, 말하기, 쓰기, 읽기 및 산수 능력을 습득하거나 활용하는 데 한 분야 이상에서 어려움을 나타낸다. 지각장애, 지각-운동장애, 신경체계의 역기능 및 뇌 손상과 같은 기본적인 정보처리 과정의 장애로 인해 나타난다.
46. 문제 주의력 결핍, 비효율적 학습 습관, 가정환경이나 교유 관계에서의 스트레스 등 개인의 정서나 환경상의 문제

안 등의 심리문제를 경험하면서 심각한 좌절과 회피 그리고 잘못된 보상 행동으로 등교 거부, 자퇴, 자살 및 자해, 일탈행동 등의 문제행동을 하거나 열등감(무능감)이 고착된 상태로 의존된 삶 속에서 안정상태를 유지하려고 학교나 사회로부터 고립된 채 안전한 은신처에 머물기도 한다.

청소년기의 혼란과 갈등을 지나면서 발달과업인 유능감과 자율성(독립감)을 달성하지 못하고 긍정적 자아상을 형성하지 못한 채로 청년기에 들어서면서 '학교-관계-직장-사회'에 부적응 문제행동을 하게 되면서 심리적·정신과적 장애를 동반한 채로 (사회적 고립) 은둔형으로 진행되기도 한다.

카텔(Cattell)은 인간의 지능은 유전적·신경생리적 영향에 의해 발달이 이루어지는 '유동성 지능(Fluid Intelligence)'과 교육이나 경험에 누적으로 형성되는 '결정성 지능(Crystallized Intelligence)'으로 구분하였다.

유동성 지능은 유전적·신경생리적 영향에 의해 발달이 청소년기에 이르기까지 발달이 이루어진다. 익숙하지 않은 자극에 직면할 때 그에 대처하기 위한 즉각적인 적응력 및 융통성과 연관되어 새로운 문제에 대한 대처 능력과 관련된다.

결정성 지능은 교육이나 훈련, 문화적 자극에 의해 개발된 지적 능력과 연관되고, 경험적·환경적·문화적 영향의 누적으로 발달이 이루어지며, 교육과 가정환경 등에 의해 영향을 받고 나이가 들수록 더욱 발달하는 경향이 있다.

대다수 친구들은 뇌 발달이 완전히 이루어지고, 유동성 지능이 발달하는 청년기와 성인기가 되면 스스로 문제를 극복하면서 사회에 적응하려고 노력하기도 하지만, 일부 친구들은 심각한 심리장애와 정신장애를 동반한 채 성장을 멈추고 사회로부터 고립된 은둔형의 삶을 선택해 살아가기도 한다.

2) 미숙한 성격적 문제를 보이는 그룹

생물학적 기질과 측면에서 새로운 것, 신기한 것, 낯선 것을 쫓아가는 접근-접촉-탐색-탐험 자극 추구 기질과 새로운 자극 때문에 행동이 억제되는 불안 성향의 위험 회피 기질, 사회적 신호와 타인의 감정에 따라서 정서반응과 행동반응이 달라지는 사회적 민감성 기질, 당장의 보상이 없어도 목표 행동을 지속하는 경향성인 인내력 기질과 관련하여, 극단적인 기질을 가지고 있는 아이는 조절되지 못하고 충분히 성숙하지 못한 상태로 성장 과정인 청소년기와 청년기에 자신과 세상에 대하여 심각한 부적응과 혼란, 심리적 문제를 경험할 가능성이 매우 커지고 성격장애 성향이 만들어질 가능성도 커진다.

성격적 기질과 욕구 측면에서 환경과 관계에 대해 타고난 반응 도구인 힘(Power, 전원)[47]의 부적응과 혼란 그리고 자신의 욕구(Desire)[48]에 대한 갈증과 목마름이 이어지는 연속된 부적응으로, 심각한 좌절과 회피 및 잘못된 보상행동을 하게 되고 심각한 성격장애 성향이 만들어지기도 하며 스트레스와 상처로 우울 및 불안과 연결되는 심리적 병증이 만들어지기도 한다.

---

47. [용어 정리] 성격적 기질(Enneagram Power, 반응도구) : Think 머리중심유형, Emotion 가슴중심유형, Behavior 장(배)중심유형
48. [용어 정리] 성격적 욕구(Enneagram Desire) : '① 완전, ② 사랑, ③ 성공, ④ 독특, ⑤ 전지, ⑥ 안전, ⑦ 행복, ⑧ 힘, ⑨ 평화'

환경과 양육적 측면에서 어린 시절의 애착과 복종의 과잉 발달로 의존적이고 수동적인 성향이 발달하게 되고 심해지면 회피성 사회 공포로 이어질 수 있으며 관심은 많으나 소극적이고 거절당할까 봐 두려워하는 아이로 성장하게 된다. 그리고 매달리기가 심해지면 분리불안과 의존성이 발달하여 불안하고 무력한 아이로 성장하게 된다.

또한 지나친 처벌과 통제적 양육방식은 지나치게 질서나 체계를 중시하는 강박적인 모습으로 원리 원칙만 중요시하고 융통성 없고 완벽주의적 성향으로 발달하게 되어 성숙하지 못한 모습으로 성장하게 된다.

이처럼 생물학적·성격적·환경적 영향으로 자신에 대한 조절력을 키우지 못하고 극단적인 기질이나 욕구가 조절되거나 적응되지 못한 채 충분히 성숙하지 못한 미성숙 성격의 아이로 성장하면서 관계·상황·장소 등에 대하여 부적응하고 상처와 트라우마, 무의식적인 불안, 공포를 경험하며 성장하게 된다.

〈사례 9. 딸 키우기〉
기질이 미성숙하고 몸과 마음의 균형이 깨진 아이의 극복기

시흥에서 늦은 밤에 청년이 갑자기 찾아왔다. 한 달 전에 공황장애 증상으로 부모와 함께 방문하였다가 상담에 저항하고 떠나 버린 청년이었다. 짐을 잔뜩 들고 도와 달라고 요청하였다.

나는 조건을 달았다. "힘들어하는 부분은 나을 수 있지만, 네가 진정으로 낫고 싶어 해야 하고, 내가 하는 만큼 너도 노력해야 한다."라는 조건이었다.

제출된 심리검사 결과보고서에서는 아래와 같이 주요 우울장애, 공황장애, 전환장애를 시사하였다.

내적 갈등이나 정서적 촉발 단서에 영향을 받아 순간의 감정에 압도되어 인지적 통제력이 저하되고 일시적이라도 사고 과정의 장애 양상이 나타날 수 있다. 침투적이고 주변적인 사고로 주의집중에 어려움을 겪을 소지가 추정된다.

또한 자신 및 주변의 기대에 부응하지 못하는 부진한 성과로 인해 자존감이 저하되고 비난이나 부정적인 평가에 대한 두려움이 증가된 상태로 주요 대상에 대한 불만과 적대감을 느끼며 문제의 원인을 대부분 외부로 투사하는 면이 보인다.

성격장애 유형 보고서에 따르면 '의존성, 강박성, 편집성, 분열형, 히스테리(연극성), 자기애성, 경계성'에서 주의가 필요한 것으로 시사되었다.

자신의 모습을 투사한 피규어

아이는 여러 번의 입원과 약물치료 및 다수의 심리상담 경험이 있었다. 첫 입원에서부터 현재까지 5년이란 시간이 흘렀다. 시간이 갈수록 증상은 심해지고 정신은 무너지고 있었고, 가족과는 소외된 채로 머물고 있었다.

이 친구 문제의 시작은 타고난 성격적 기질인 반응 도구(Enneagram Power) 사용의 부적응과 욕구(Enneagram Desire)에 대한 갈등과 충돌이다.

생각해 보자!
어느 날 어린 나에게 양손에 서로 다른 칼이 쥐어진다면, 어느 것을 사용해야 할지를 모른 채 헛된 칼질을 하다가 자신과 주변을 베게 될 것이다. 칼이란 자신을 지키고 세상을 살아가게 하는 좋은 도구가 될 수도 있지만, 올바르게 사용하지 못하거나 잘못된 곳에 사용된다면 자신과 주변에 해가 될 수도 있다.

일반적인 아이들은 한 가지 방식의 반응 도구(기질, 성향)로 관계를 대하고 세상을 살아간다. 비록 도구 사용에 미숙할지라도 경험하고 학습하면서, 효율적으로 적응하고 사용하게 되면서 일정한 패턴의 습관과 성격이 만들어지고 자기의 정체성이 형성된다.

이들은 자기의 타고난 기질에 적응하고 익숙해진 편안한 상태로 살아가는 것이다. 다만 다양한 사람과 환경에 반응하고 대처하는 방식에 하나의 패턴만을 사용한다는 제약점이 있을 수는 있다.

예) 사고형 아이는 본능적으로 상황에 대한 객관적·합리적 판단으로 반응을 보이지만 이로 인해 타인에 대한 관계적 소통방식에 어려움을 경험할 수도 있다.

중요한 점은 타고난 기질에 적응하고 익숙해지는 과정에서 여러 개의 모습(도구)을 가진 아이들은 혼란과 충돌 그리고 좌절을 경험하게 된다. 미숙에서 성숙으로 진행되는 과정이지만 아이들에게는 알 수 없는 혼란일 뿐이다.

임상에서 이런 문제로 인해서 또래 관계에 문제가 생기고, 학교에 부적응하고, 사람들과 어울리지 못하고 고립된 채 심리장애를 경험하는 친구들이 많이 방문한다.

내담자는 일반 아이들과 다르게 Emotion과 Think의 두 개의 검을 사용할 수 있는 능력을 가지고 있었지만, 부적절한 양육환경 속에서 인정과 사랑 욕구를 성공적으로 채우기 위해 본능적으로 사고하는 기능을 과하게 사용하고 있었다.

아이는 전략적으로 공부에 집중하여 중학교 때는 왕따를 당하면서도 완전 모범생으로 우수한 성적을 유지하였으나 고등학교 때부터 공부가 힘들어지고 성적이 떨어지는 와중에 부모의 태도가 바뀌면서 이러지도 저러지도 못하고 눈치만 보면서 무능감, 열등감, 자괴감 속에서 부적응한 시기를 보냈다.

잘하려면 할수록 과도하게 Thinking을 사용하게 되고 Human Energy Balance가 균형을 잃은 상태에서 완벽주의적 성향이 발달하고 편집적 사고와 강박적 행동을 하면서 죄의식에 사로잡히고 있었다.

자아가 형성되지 못하고 혼란된 상태에서 사고 문제와 정서 문제를 안고 자율신경실조[49] 상태를 경험하며 공황 증상을 나타내고 있었다.

치유적 개입으로 우선 과도한 사고 기능의 사용을 조절하는 셀프 훈련을 진행하면서 TEB 항상성[50]을 유지하고, 사고의 과정에서 발생하는 비합리적이고 망상적인 사고의 오류를 수정하고 개선하였고, 다양한 상처와 트라우마로 인한 제한적 신념과 부정적 정서를 심리치유하면서 내면의 자아와 만나 분열된 자아를 통합시키는 과정을 진행하였다.

그리고 마음과 행동의 메커니즘을 따라 잘못된 자아정체성(Identity)을 변화시키고 불합리한 신념(Beliefs)과 가치(Values)를 재정립시켜 그것에 맞는 능력(Skills & Capabilities)을 키우고 적합한 행동(Behaviors)으로 세상(Environments) 속에서 펼치며 나아갈 수 있도록 자기 정렬 프로세스

---

49. [용어 정리] 자율신경실조 : 자율신경은 긴장 상태에서 작용하는 교감신경과 이완 상태에서 작용하는 부교감신경으로 이루어진다. 스트레스와 불안 상황에 의해서 교감신경에 과부하가 걸리면서 부교감신경과의 조화가 깨지는 상태로, 이 두 신경이 서로 유기적이고 자율적으로 잘 조절되지 못해서 인체의 항상성이 깨지고 신체에 이상 증상이 발생한다.
〈참고〉 [유튜브] 오상신경외과, "자율신경이란 무엇인지?, 자율신경실조증과 스트레스의 연관성", https://www.youtube.com/watch?v=WgUjNSuYuQY

50. [용어 정리] TEB : Think·Emotion·Behavior
항상성 : Human Energy Blance 3요소를 유기적이고 자율적으로 잘 조절되도록 하여 심신의 균형 상태를 유지

를 진행하였다.

어느 정도 안정화되었을 무렵, 늦은 야간에 내담자가 아주 많은 짐을 들고 찾아왔다. 자기가 작성했던 '삶의 기록'이라고 보여 주면서 "이제 정리하고 싶다."라고 말했다. 긴 시간을 함께하면서 얘기 나누고, 찢고, 분쇄하며, 과거의 상처와 혼돈된 삶을 버리고 새로운 삶으로 나아가고 있었다.

심리치유 10회기(1회기 3시간)가 끝날 무렵, 현실에서 적응적 삶을 살아가는 훈련을 하기 위해 습관·성격을 바꾸는 '사회적응 훈련'을 제안하였다. 전제조건으로 내담자가 직접 돈을 벌어 상담료는 내는 것으로 기간은 1년으로 하였으며 상담 회기는 상황이나 상태에 따라 진행하기로 하였다.

내담자는 일주일 후에 식당일 자리를 구해 왔다. 감동했다. '이 친구는 된다'는 생각이 들었다.
그러나 나이와 전공, 사회적 실무 경험을 고려해서 사무직 일자리를 구할 것을 요청했다. 그리고 얼마 후 내담자는 중소기업 인턴으로 출근을 하게 되었다.

매일 전화해서 울고불고 그만두겠다고 난리였다. 그때마다 나는 욕쟁이가 되었다. 호되게 야단치고 끌고 가는 무서운 코치가 되었다. 그러다 3개월째가 되었을 때, 내가 상담회기 간격을 넓히자고 제안하자, 친구는 "안 돼요! 욕먹고 정신 차려야 해요! 그만두면 안 돼요!"라고 했다. 또 한

번 '이 친구는 된다'는 생각이 들었다.

그동안 상담과 심리치유로 형성된 '마음과 행동의 메커니즘'의 정렬(Alignment)과 일치(일관)성(Consistence)을 실전에서 다듬고 강화하고 훈련하는 과정이 되었다.

모든 상담을 마친 지금은 더 이상 부적응 청년이 아니었다.

〈사례 10. 같은 증상 다른 원인, A·B〉
A. 신체적 결핍(장애)과 기질적 미성숙으로 인한 부적응 문제

이번 주에는 서울과 부평에서, 등교 거부로 두 친구가 동시에 내방하였다. 한 친구 A는 생물학적 기질과 성격적 기질·욕구가 혼합된 형태이고, 다른 친구 B는 성격적 기질의 차이로 인한 부적응이었다.

A는 명문고 재학 중에 일반고로 전학한 상태에서 등교를 거부하고 있는 상태였다. 제출된 '기질 및 성격검사'에서 극단적 기질과 미성숙한 성격으로 자극 추구가 낮고 위험 회피가 높으며 사회적 민감성이 매우 낮은 극단적 기질을 보이고 있었다.

세상에 대한 호기심보다는 불안과 긴장으로부터 안전하고 평온한 상태를 추구하고 사람과 환경에 대해 비활동적이고 내면·수동적인 모습으로 살얼음판을 걷는 모습이었다. 기본적으로 불안이 높고 자기 확신이

낮으며 사회적 신호나 타인의 감정 등의 주변 반응에 신경을 쓰지 않는 성향으로 시사되었다. (강박성/회피성 성격 경향 의심)

초기 상담에서 성격적 기질은 행동형(Behavior)[51]이고 성격적 욕구(Desire)는 평화유지형(⑨)으로 파악되었으며, 주호소문제 및 History를 탐색하면서 NLP 메타&밀턴 화법[52]으로 변화 욕구를 유도하였다.

부모가 동참한 자리에서 아이와 3시간의 초기 상담을 진행하였는데, 갑자기 깨달은 듯이 "졸업하기 위해서 학교에 다니겠다."라고 하였다. 모두가 놀랐다. 그렇게 아이의 생각 기준 하나가 변화되었다.

그러나 이 친구는 더 이상의 상담은 거절하였다. 학교는 간다고 하고 상담은 종결되었다.

한 달이 지난 어느 날 A가 부모의 손에 이끌려 상담소에 오게 되었다.

A는 "뭘 해야 할지 잘 모르겠어요. 머리로는 아는데, 안 돼요. 뭘 해도 소용없어요. 무기력하고 지치고 힘들어요. 그냥 놀고 싶어요."라고 말했다.

사실 아이는 선생이나 부모에게 속고 있었다. 아이는 '명문고만 입학하면 모든 고생이 끝난다'고 생각했다. 그렇게 생각하도록 인식되었다. 명

---

51. [111쪽 참고] 성격적 기질(Enneagram Power, 반응도구) 구분 예시
52. [용어 정리] NLP 메타화법과 밀턴화법 : 상담자가 화법을 구사할 때 내담자는 자연스럽게 트랜스 상태에 들어가면서 의식적이고 비판적 사고가 유보되고 자아 수용성이 증가하여, 부정적 인지 개념이 깨지면서 새로운 인지 개념을 편안하게 받아들이게 되고 자연스럽게 행동과 태도에 영향을 미치게 된다.

문고는 비슷한 수재들이 모여서 치열하게 경쟁하는 곳이었다.

A의 지적 능력은 뛰어났다. 그래서 자신의 단점을 마스킹(가면)하면서 사회적 욕구를 쫓아왔다. 이제 쉬고 싶고 놀고 싶은 것이다. 너무나 힘들게 여기까지 왔다.

그런데 문제가 있다. 타고난 극단적 기질이 이 친구를 아무것도 못 하게 살얼음판 위를 걷는 것처럼 불안 상태로 만들고 있었다.

이 친구에게 마음을 정화하는 심리치유를 진행하여 의식과 무의식의 모든 걸림돌을 제거하였다. 그러나 아이는 학교 앞에 서면 공포에 휩싸여 등교하지 못하고 도망 다녔다.

이후에 모든 것을 재점검하며, 신체적 문제로 인한 부적응을 점검하기 시작하였다. 다행히도 아이의 신체적 특성을 발견하고 이를 처리하는 과정을 통해 정상적인 생활을 하기 시작했다.

이 친구의 경우에 생물학적 기질(temperament), 성격적 기질·욕구(Enneagram Power/Desire), 신체적 특성이 부적응을 일으키는 요인으로 작용한 것이다.

아쉽게도, 습관·성격 바꾸기 훈련을 통해서 극단적인 기질과 신체적 특성을 '성격의 성숙과 자기 조절 훈련'으로 이끌어 주는 도움을 주지 못한 채로 상담은 종결되었다.

〈사례 10. 같은 증상 다른 원인, A·B〉
B. 기질과 욕구의 차이로 인한 심리적 문제와 적응과정

같은 시기에 일반고 친구 **B가** 방문하였다. 주호소문제는 '무기력, 우울, 열등감, 외로움 vs 완벽주의적 죄책감'이었으며, 핵심 문제는 게으르고 망가진 일상, 성격적 기질의 차이로 인한 또래 관계 및 학교 부적응과 이를 처리하는 과정에서 발생한 일진들과의 충돌 문제가 있었다.

아이는 눈만 뜨면 "학교 가기 싫다." "사람이 역겹다." "어차피 못할 거니깐 안 해!"라고 한다.

감성적이면서도 사고적 기능이 발달한 예술가적 기질로 글도 잘 쓰고 그림도 잘 그리지만 친구가 없고 또래 관계에서 외톨이로 지내면서 끊임없이 가까이 가려고 노력하면 할수록 거절당했다. 다양한 관계 문제들이 파생되어 고통과 두려움 속에서 좌절하고 있었고 학교생활도 게으른 생활 방식으로 인해 지각하거나 조퇴하는 게 일상이었다.

이 친구에게는 내면에 쌓인 부정적 정서와 제한적 신념을 제거하고, 심리학적 관점에서 기질 반응의 차이에서 오는 다름(difference)을 이해하도록 하였으며 아이가 자기와 또래를 관찰하고 비교하면서 다름의 부적응을 스스로 극복할 수 있도록 하였다.

또한 자신의 정체성을 찾을 수 있도록 지원하기 위해서 아르바이트를 허용하였다. 돈을 벌고 사람들과 관계를 맺으면서 자신의 능력과 모습을 확인하고 돈과 시간을 자신에게 투자하면서 세상도 배우면서 미래의 자

기를 꿈꾸도록 경험과 학습의 과정을 진행하였다. 그리고 진로에 대한 상담을 진행하면서 자신의 특별한 능력에 맞는 미래의 꿈과 방향을 스스로 결정하고 나아갈 수 있도록 지도하였다.

추가로 또래 문제와 관련되어 학교 일진들로부터 아이를 보호하기 위해서 등하교 시 동행을 지원하여 더욱 깊은 라포[53]를 유지하면서 현실적인 공포와 불안에 대처하였다.

매일같이 '습관 바꾸기 Self Training Check List![54] + 부적응 생각·감정·행동 개선 기록지'를 진행하여 불안정한 생활 방식이 안정되고 일정하게 유지되도록 하였으며 메타인지를 발달시켜 자신을 조절하고 관리하는 인지적 성숙을 개선시켰다.

기상	아침		일상	일상	일상	일상
자고 일어나기 습관 만들기	자고 일어나 힘 키우기		중요도 및 우선순위	시간 지키기	반대로 하기	자기 · 관리
퍼뜩 일어나기	하이 파이브	슈퍼 파워	시간테이블 배분	등교 약속시간	거꾸로 습관화	Energy Balance

---

53. [용어 정리] 라포 : 사람과 사람 사이에 생기는 상호 신뢰 관계로, 서로 마음이 통해서 어떤 일이라도 터놓고 말할 수 있거나, 말하는 것이 충분히 감정적으로나 이성적으로 이해하는 상호 관계를 말한다.
54. 심리학적 관점에서 재프로그래밍, 신경과학적 관점에서 새로운 신경회로 형성, 의학적 관점에서 자율신경계 기능 회복에 의한 습관 행동 변화

일상·오후			오후·저녁			저녁			
안정 훈련	TEB 개선	부정 E 깨기	자기 관리	미래 설계	수면 전	긍정 E pull up	자기 정화	자가 강화	수면 훈련
Zero 상태 + Shift	적응적 개선	두드려 깨기	체력 기르기	미래 준비	SNS 멈추기	긍정 확언	심상화	멘탈 리허설	이완 상태 + 인중 누르기

예시, Self Training Check List!

상황	반응				부적응 오류 (문제행동) what?	적응적 개선 (대안행동) 생각·감정·행동
	신체적	감정/ ㄹ 짜증	강도	생각		

예시, 일상의 부적응 생각·감정·행동 개선 기록지[55]

    상담이 종결될 무렵에는 스스로 진로 방향을 정하고 공부를 하기 시작하였다. 또래 관계에 대한 갈망도 아르바이트를 통한 새로운 관계가 형성되면서 해소되고 있었다. 잠시 부적응을 함께해 주었더니 스스로 좋아지고 있었다.

---

55. 〈참고〉 1388 청소년상담복지센터

- A·B 추가 설명 -

같은 시기에 진행된 두 청소년의 사례에서 보듯이, 겉으로 보이는 학교 부적응 문제에 대해서 원인적 측면과 치유적 측면이 다르게 작용하고 있다. 미숙한 상태의 기질에 대한 부적응이라는 공통점에도 불구하고 그 치유 과정은 개인에 따라 매우 다르게 구현된다.

아이들이 성장하는 과정에서 보여 주는 부적응 문제행동은 자연스러운 현상이다. 미숙하다는 과정은 약점이 아니라 장점이다. 미숙한 부적응 과정에서 적응 과정으로 전환될 때 성숙해지면서 치유되고 성장하는 것이다.

아이들의 미숙함이나 부적응에 부모나 주변인들이 어떻게 반응하고 대하는지에 따라서 아이들의 삶의 정체성과 방향이 정해질 수 있다.

부모나 주변인이 할 수 있는 것은 개입이 아니라 좋은 상담사·치료사·멘토에게 안내해 주는 것이다. 그리고 코치를 받고 한 팀이 되어 함께 가는 것이다.

⇒ 미숙한 성격적 문제를 보이는 그룹 고찰 '기질·욕구와 관련된 문제'

① 생물학적 기질, 성격적 기질

아이들은 생물학적 기질(Temperament)[56]과 성격적 기질(Enneagram Power, 반응도구)[57]을 가지고, 양육받고 학습하고 경험하며 후천적인 요인에 영향을 받아서 일상생활에서 지속적으로 같은 패턴을 보이는 성격적 경향성이 만들어지고 성격(character)이 형성된다.

그리고 이 과정에서 생물학적으로 극단적 기질(Temperament)과 성격적 기질(Enneagram Power)에 부적응한 상태로, 자동적으로 유발되는 사고·정서·행동적 반응을 조절하거나 변화시키지 못하고 "기질에 집착해서 경직된 자동적 반응을 반복하게 되며 기질로부터 자유로운 선택과 유연한 행동, 가치에 부합하는 행동을 의식적(의도적)으로 선택"[58]하지 못한 채

---

56. [용어 정리] 생물학적 기질(Temperament) : TCI의 4개의 기질 척도, NS 자극추구, HA 위험회피, RD 사회적민감성, P 인내력
   〈참고〉 TCI(Temperament and Character Inventory) : 미국 워싱턴대학교 정신과 교수 C. R. Cloninger 박사 개발했으며, 4개의 기질 척도, 3개의 성격 척도로 구성된 생물–심리–사회적(bio-psycho-social) 모형, 성격장애 및 정상 성격을 변별·이해하는 임상적 도구
57. [용어 정리] 성격적 기질(Enneagram Power, 반응도구) : EPDI의 Power 3개 척도, Think 머리중심유형, Emotion 가슴중심유형, Behavior 장(배)중심유형
   〈참고〉 EPDI(Enneagram Psychological-Dynamic Indicator) : 에니어그램 심리연구소 소장 이은하 박사가 에니어그램(Enneagram)을 활용하여 인간의 성격 유형, 행동 패턴 및 자아의 균형성을 측정하기 위해 개발한 심리 역동 지표, www.enneagram.co.kr
58. TCI 기질 및 성격 검사 교육연수(2023년), 한양사이버대학교 상담심리학과 유성진 교수, 비움심

성격적으로 인지적, 정서적, 관계적, 행동적 패턴에 심각한 부적응 문제를 보이게 되고 성격장애 경향성을 보이기도 한다.

즉 자극과 반응(S-R)의 메커니즘에서 정렬(Alignment)되지 못하고 일관(일치, Consistence)되지 못한 상태로 미성숙하게 성장하게 되며 심리문제, 정신문제가 발생하기도 한다.

> **[참고] 극단적 기질(Temperament) 구분 예시[59]**
> Q - 어두운 길에서 길을 가다가 갑자기 부스럭 소리를 들을 때
> R - 겁이 나면서 멈칫하다가 의식적으로 반응하지만 이내 나아가지 못하고 있다.
> ⇒ 불안 경향이 높은 것으로 보인다. (극단적 위험 회피)
>
> **[참고] 성격적 기질(Enneagram Power, 반응도구) 구분 예시**
> Q - 늦은 밤 귀가 시, 갑자기 들리는 '꽝' 하는 소리와 번쩍이는 화염을 발견했을 때
> A - 사고형(Think) : 멈춘 상태로 바라보면서 상황을 판단하고 전화로 신고하는 유형
> - 정서형(Emotion) : 놀라서 당황하고 안절부절못하면서 "어떡해! 어떡해!"만 하는 유형
> - 행동형(Behavior) : 오감으로 인지된 이후에 아무런 생각이나 놀람 없이 무조건 달려가서 구하려고 하거나 갑자기 몸을 움츠리고 안전조치를 하는 유형

리상담센터-연구회
59. TCI 기질 및 성격 검사 교육연수 (2023년), 한양사이버대학교 상담심리학과 유성진 교수, 비움심리상담센터-연구회

> **[설명] 성격적 기질 부적응**
>
> 청소년기에 성격적 기질(Think, Emotion, Behavior)의 차이는 또래 관계에 심각한 부적응을 초래한다.
>
> 일반적으로 여학생들은 대부분은 정서(Emotion) 반응 도구를 사용한다. 즉 낯선 상황 환경 관계에서 정서적 반응을 한다는 의미이며, 친해지기, 접촉·관심, 공감하기, 친화적 공감의 주요 기능을 주로 사용하지만, 약 20% 정도에 해당하는 사고(Think) 반응 도구를 사용하는 여학생들은 낯선 상황·환경·관계에서 사고적 반응을 하며 거리두기, 정보 제공, 이해하기, 합리적 설명의 기능을 주로 사용한다.
>
> 또래 관계가 중요한 청소년 시기에 정서형과 사고형의 친구들이 함께 있으면 소통과 이해 방식의 차이로 인해, 서로를 수용할 수 없는 낯섦에 갇히게 된다.
>
> 심지어 Think와 Emotion 기능이 함께 발달한 청소년은 자신의 주요 반응기능에 대한 불일치로 혼란스러운 가운데 주변으로부터의 이질감을 경험하게 되어 청소년기 내내 부적응한 모습을 보이기도 한다.
>
> 그리고 이러한 차이로 인한 부적응이 극복되지 못하면 상처와 트라우마로 자리를 잡게 되어 불안, 우울 등의 심리장애가 발생한다.

② Human E Balance
　⇒ [16쪽 참고] 〈사례 1. 불안장애 청년〉
　⇒ [19쪽 참고] 미숙한 성격적 문제를 보이는 그룹 고찰 '② Human E Balance'

③ 사회적 vs 성격적 욕구의 불일치, 마음과 행동의 메커니즘

타고난 지적 능력과 성격(MBTI, Holland) 발달 과정에 의해 형성된 사회적 욕구[60]와 선천적인 성격적 욕구(Enneagram Psychological Desire)의 불일치[61]로 인한 충돌과 혼란을 경험하며[62], '마음과 행동의 메커니즘'[63]이 정렬되지 못하고 일치성(일관성)을 유지하지 못한 채 자기중심성 사고·관계·행동으로 세상을 향해 문제행동을 표출하거나 사회적 위축(social withdrawal)으로 은둔적 삶을 살게 되기도 한다.

---

60. [용어 정리] 사회적 욕구 : 타고난 능력과 소질을 바탕으로 발달 과정에서 형성된 꿈(가치)
61. [용어 정리] 사회적 욕구와 성격적 욕구의 불일치, Alignment Error of '지능-성격(MBTI, Holland)-욕구(desire/hope)' : 타고난 지적 능력과 성격(MBTI, Holland) 발달과정에 의해 형성된 사회적 욕구와 선천적인 성격적 욕구(Enneagram Psychological desire)의 불일치 (예, 가수로 돈도 잘 벌고 인기도 얻고 싶은 마음 vs 가수가 되어 사랑·관심받고 싶은 마음)
62. 충돌과 혼란 in 욕구 (Wants, ① 심리적 욕구 ② 사회문화적 욕구)
63. [용어 정리] 마음과 행동의 메커니즘 : 성장 과정에서 자아정체성이 형성되면서 자신이 믿는 사고방식과 가치관을 가지게 되고 그것에 맞는 능력을 키우고 행동을 세상 속에서 펼치며 나아가게 되는 과정
〈참고〉
Certified Master Practitioner of Neuro-Linguistic Programming, Dr Seol's Mind Institute, 2017
中 마음과 행동의 메커니즘「'Alignment & Consistence' of 'NLP Neurogical Level'」,
로버트 딜츠의 NLP 신경논리적수준(Neurological Level)

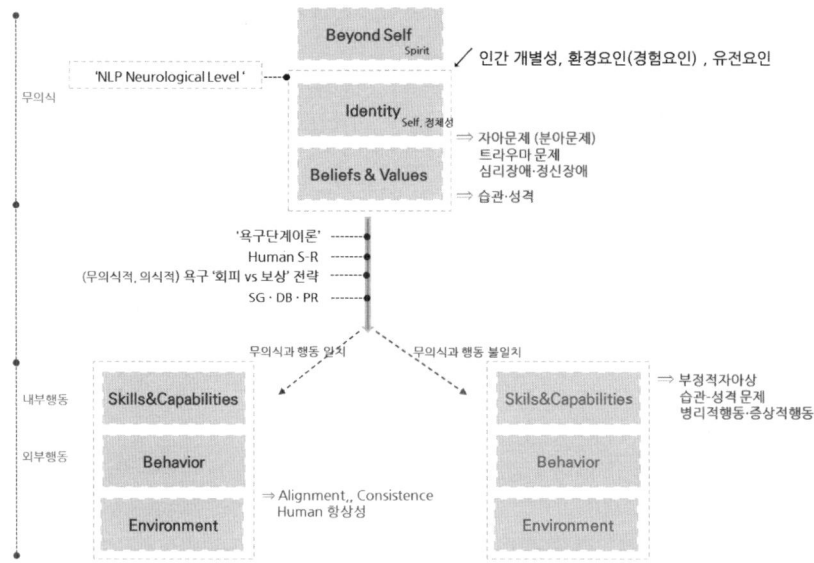

NLP 신경논리수준으로 보는 '마음과 행동의 메커니즘' 응용 도식

그러나 비록 생물학적·성격적으로 "극단적 기질과 욕구를 갖고 태어날지라도 환경·양육·학습·경험의 후천적 요인들도 작동하기 때문에 충분히 좋은 환경에서 양육받고 충분히 좋은 또래들과 어울리고 충분히 좋은 교사 충분히 좋은 상담사(멘토)에게 영향을 받아서 자신을 조절할 수 있게 된다면, 미성숙에서 성숙으로 발달하면서 기질로부터 자유롭고 행동이 유연해지고 의미와 가치를 추구"[64]하는 성숙한 인간으로 성장할 수도 있게 된다.

또한 어린 시절 양육과 환경적 측면에서 충분히 좋은 영향을 받지 못해

---

64. TCI 기질 및 성격 검사 교육연수(2023년), 한양사이버대학교 상담심리학과 유성진 교수, 비움심리상담센터-연구회

심리적으로 불안정하고 성격적으로 미숙하고 성격장애 성향이 있을지라도 본인의 변하고자 하는 의지와 노력이 있다면 지지적이고 준비된 사람들과 함께하며 마음을 치유하고 새로운 습관과 정체성을 형성하면서 성숙한 인간으로 성장할 수도 있게 된다.

3) 몸이 마음이 되어 버린 그룹

① 자신이 되어 버린 습관(길들여진 몸과 마음)
　⇒ [30쪽 참고] 심리적·정신과적 문제를 보이는 그룹 고찰 '① 의식·무의식, 심리와 마음'
　⇒ [38쪽 참고] 〈사례 4. 욕먹은 공황장애 공익요원〉
　⇒ [40쪽 참고] 〈사례 5. 욕하던 공황장애 청년〉

〈사례 6. 무서워!〉
성격적 기질의 미성숙과 사회적-성격적 욕구의 불일치로 인해 몸이 마음이 된 상태

몇 개월 전에 군 복무를 마친 휴학생이 서울에서 방문하였다.

(차에서 짐을 꺼내야 하는데) "차키로 차 문을 못 열겠다!"
(트렁크를 열어야 하는데 버튼을 눌러도 안 되고 경고음은 요란하게 울리고 있었다.)
"와! 내가 차 문도 제대로 못 여는구나!"
내담자는 무너져 울고 있었다.

자신의 모습을 투사한 피규어

이 친구는 일상에서 '지속적인 왕따 경험과 트라우마, 대인 불안, 취업 불안, 무기력과 우울, 침습적 사고로 인한 불안과 강박, 무능감과 의존감, 낮은 자존감, 자살 생각'으로 고통과 불안 속에서 견디기 힘든 상태에 머물러 있었고 좋은 사람, 잘난 사람이 되고 싶은 인정·성공 욕구와 완벽주의적 성격으로 인해서 애써 노력하지만, 역효과로 더 무너지고 방황하는 상황이었다.

존경하는 아버지처럼 계획적이고 강하게 살고 싶다고 하지만 주변의 말 한마디에 상처를 잘 받고 있었다.

그는 다음과 같이 말했다.

"무섭다."
"시도하는 게, 거절당하는 게, 시작이 무서워! 자신이 없고 실패가 엄청 두렵다."

"공부하려고 책을 보는 것만으로도 불안이 올라오고, 사람들과 처음 만나서 대화하게 되면 얼굴도 못 보겠고 식은땀만 흐른다."

잘하려고 하면 할수록 더 심한 열등감과 죄책감으로 자기비하와 자기연민 속에서 현실에 부적응하고 회피적이고 고립된 삶 속에 머물고 있었다.

부정적인 경험과 이로 인한 반복적인 생각과 감정 그리고 행동으로 인해 무너진 패배자의 모습에 습관적으로 고착되어 가는 중이었다. 그러나 새로운 앞날을 꿈꾸며 그런 변화와 방향에 저항하고 있지는 않았다.

심리치유 관점에서 내담자는 부정적 경험과 학습으로 인한 부정적 정서와 제한적 신념이 형성되었다. 그리고 이러한 상태에서의 반복적인 생각과 느낌으로 인해 부정의 믿음·인식과 패러다임(관념, 기준)이 형성되었으며 부정적 감정 상태에 익숙한 상태로 애착이 진행되어 부정감 애착 상태를 보여 주고 있었다.

예) 영화 〈베놈〉에서 보면 우주 괴물이 주인공 몸의 주인이 되는 순간 몸과 마음은 더 이상 인간의 것이 아닌 상태가 되어 버린다.

내담자의 몸과 마음은 아직 괴물에게 완전히 지배당하고 있지는 않은 상태였으며 미래를 향해 꿈꾸는 희망이 남아 있었다.

치유 과정과 방법을 간단히 설명하자면 심리치유 8회기를 진행하고 성격·습관 바꾸기는 본인이 아르바이트를 직접 하고 상담비를 내는 조건으로 진행하였다.

머리 부분에서 사고가 엉키고 망가진 부분을 정리하고 제거하여 재정립하였으며 가슴 부분의 상처와 트라우마를 처치하고 행복감·자존감 등의 긍정심리를 대체하였다. 그리고 자기조절 훈련을 진행하면서 Human E Balance를 유지하였다.

추가로 건강한 습관과 성숙한 성격을 형성하기 위한 성격·습관 바꾸기 훈련에 진로상담을 병행하여 진행하였다. 즉 마음(의식·무의식)을 정화하여 자존감과 자기강화를 유지한 상태에서 자신의 사고·감정을 조절하는 자기 조절 훈련과 부정감 애착이 되어 버린 몸과 마음의 습관을 개선하는 훈련을 진행하였다.

상담이 종결될 무렵, 자신이 번 돈으로 제주도에서 도보여행 하는 백패킹[65] 사진을 보내왔다. 자신을 정리하고 회복하면서 정체성과 신념·가치를 재정립하고 그에 맞는 능력·스킬을 키우고 행동하는 홀로서기 인생여행을 하는 중이었다.

내담자는 스스로 업그레이드(Upgrade)되고 강해지고 있었다.

---

65. [용어 정리] 백패킹 : 등산 장비 및 숙영 장구 등을 짊어지고 1박 이상의 하이킹 혹은 등산을 하는 활동

〈사례 조각 3. 습관으로 길들여진 몸과 마음〉

늘 자신이 못났다고 생각하는 친구가 있다. 친구는 자신이 실수할 때마다 '자책하는 생각'을 하게 된다. 그리고 그런 일이 자주 있다 보면 뇌에서 무능감을 이루는 특정 화학 물질을 생성하도록 몸에 신호를 보낸다.

이런 일이 지속되고 반복되면서 몸은 무능감이라는 화학 물질에 잠기게 되고 세포의 수용체는 화학 물질을 더 잘 받아들이고 처리할 수 있도록 자신을 스스로 조종하게 된다. 이렇게 무능감이 쌓이면 몸은 그 감정을 정상적이라고 인식하게 되고 부정적인 상태로 길들여져서 몸이 무능감의 마음이 되어 마음을 몰고 가게 된다.

이처럼 우리는 생각과 느낌(감정)을 반복하면서 부정감에 고착될 때 몸이 부정감의 마음이 되어 버린다. 몸이 마음의 주인이 된 상태에서 부정적 자아상이 형성되어 색안경을 쓴 채로 자신과 타인을 바라보고 보상·회피 행동을 하게 된다.

② 몸이 마음이 되다(Body-Mind)

　유아기-아동기의 발달 과정을 거치면서 기질, 욕구, 환경 등의 '생물·심리·사회' 요인의 부적응 문제로 자기 조절에 어려움을 경험하고 학습을 하면서 청소년기의 성장 과업인 긍정적 자아상과 자율성(독립감)과 유능감을 형성하지 못하고, 부정적 자아상과 잘못된 내적기준(인지도식, 사고기준)을 갖게 되고, 제한적 신념과 부정적 정서에 사로잡혀 삶에 희망을 잃어버리고, 대인관계에 역기능 문제, 인지왜곡(열등감, 무능감, 자기비하, 자괴감 등)을 경험하며 '학교-직장-사회'에 부적응하고 심각한 좌절과 회피 그리고 잘못된 보상행동을 하는 친구들을 많이 보게 된다.

　성장 과정에서의 '부정 경험과 학습'의 연속으로 부정적 생각과 느낌이 계속 반복되면서 스트레스와 상처, 고통을 기억하게 되고 자신이나 삶에 대해 생각할 때마다 피해의식과 자기연민으로 가득 차게 된다.

　이러한 생각과 느낌이 계속 반복되면서 패러다임[66]이 형성되고 몸은 의식적인 생각 없이도 고통의 느낌을 기억하도록 길들여져 자연스럽고 정상적인 것처럼 느끼게 되고 정체성으로 형성된다.

---

66. [용어 정리] 패러다임 : 습관의 집합체(습관, 관념, 기준)
　　– 패러다임은 반복을 통해 형성, 관념이 무의식에 심어진 것
　　– 패러다임이 '논리를 좌우, 시간 사용을 통제, 상황인식을 통제, 효율성을 통제, 당신의 소득을 통제'
습관 : ① 무의식에 프로그래밍된(새겨진) 관념이자, 무의식의 프로그램
　　　② 행동을 통제 (→결과를 통제)
　　　③ 얻은 결과의 원인
〈참고〉 [유튜브] 인사이트업 – 세계 최고 멘토들의 조언, "밥 프로터 – "무의식을 바꾸는 방법을 알고 싶나요? 너무 쉬워 사람들이 믿지를 않네요" | 무의식 2편," www.youtube.com/watch?v=4tewsYQjDS4

신경과학 관점에서 뇌신경과학자 조 디스펜자는 저서 《브레이킹, 당신이라는 습관을 깨라》[67]에서 '몸이 마음이 되는 습관'에 대해 다음과 같이 설명한다.

> 사람들이 모르고 있는 사실이 있다. 우리가 아주 강렬한 감정적 경험을 떠올릴 때 뇌는 그것을 경험했던 예전과 똑같은 순서와 패턴으로 작동하기 시작한다는 사실이다. 즉 우리는 뇌의 회로를 과거에 만들어진 네트워크에 더 강하게 연결시킨다. 아울러 그 순간에 그 사건을 실제로 다시 경험하는 것처럼 동일한 화학 물질을 (정도는 다르지만) 뇌와 몸속에 만들어 낸다. 이 화학 물질이 그 감정을 더 잘 기억하도록 몸을 길들이기 시작한다. 함께 발화하고 연결되는 신경 세포들은 물론이고 생각과 느낌의 결과로 생성되는 화학 물질들까지 모두 마음과 몸을 정형화된 자동 프로그램에 따라 작동하도록 조건화한다.
>
> 우리는 과거의 사건을 이런 식으로 몇 번이고 다시 체험할 수 있다. 아마 평생 동안 수천 번은 그럴 것이다. 그 감정적인 상태를 의식적인 마음보다 훨씬 잘 기억하게끔 몸을 훈련시키는 것이 바로 이 무의식적인 반복이다. 몸이 의식적인 마음보다 더 잘 기억하게 될 때(즉 몸이 마음이 될 때) 이것을 '습관'이라고 부른다.
>
> — 3장, '변화는 왜 이렇게 힘든 것일까?'에서

우리는 익숙한 느낌에 고착되고 중독되어 간다. 그리고 몸이 새로운 마음에 길들여지면 몸은 마음이 되어 버린다.

이렇게 무의식적 반복을 통해서 잠재의식에 프로그래밍된 자동 반응들은 습관이 되고 성격을 형성하게 된다. 그리고 정체성이 된다.

---

67. [도서] 조 디스펜자, 《브레이킹, 당신이라는 습관을 깨라》, 편기욱 역, 샨티, 2021

〈사례 11. 몸이 마음이 된 아내〉
몸이 죄책감의 마음이 되어 버린 아내

> 송도에서 부부 상담이 들어왔다.
>
> 남편 : 아내가 살림도 외부 활동도 하지 않고 무기력하고 우울하게 살고 있어요.
> 아내 : (슬픈 눈으로) 키우던 고양이가 남편 때문에 죽었어요.

초기 상담에서 아내는 부부의 문제가 아니라 고양이에 대한 죄책감으로 힘들어하고 있었다.

남편이 미운 게 아니라 지켜 주지 못해서 미안한 마음의 자신이 되어 버린 것이다. 그리고 남편을 볼 때마다 그리운 생각과 감정이 반복되고 지속되면서 하늘로 보낸 자식을 그리워하듯이 미안한 마음은 죄책감으로 더욱 고착된 채 살고 있었다. 행복해서도 안 되고 행복할 수도 없는 사람이 되었다.

아내에게 죽은 고양이에 대한 상처와 죄책감의 트라우마를 제거하여 관계를 회복하고 편안한 마음으로 떠나보내 주는 마음치료를 하고 핸드폰에 저장된 모든 사진에 대한 이야기를 나누면서 하나씩 하나씩 현실에서 보내는 과정을 한 후에야 비로소 미안한 마음, 죄책감의 마음이 사라지고 잃어버린 자신을 다시 찾을 수 있었다.

마음의 주인이 된 (몸에 잠긴) 죄책감을 치유하여 다시 원래의 마음으로 회복하여 마음이 몸의 주인이 되도록 하였다.

〈사례 7. 수족 냉증 아이〉
트라우마로 인한 몸이 마음이 상태에서 벗어나기, 자율신경 항상성 회복

며칠 전 전생최면 기법으로 우울증을 치료받은 40대 중년이 중학생 자녀들을 데려왔다. 화상 트라우마를 경험하는 아이를 위해 '전생최면 선물'로 포장해 치료하기 위해 데려온 것이다.

무의식의 시간선을 뒤로 돌려, 화재 발생 사건으로 접근하면서 아이의 불안과 공포를 소거하는 치료를 진행하던 중에 아이의 얼음 같은 손을 잡고 '선생님이 아빠와 함께한다'고 알려 주고 치료적 관계를 형성하였다.

화재 속 사건 현장에서 홀로 위험에 빠진 어린아이는 아빠를 간절히 부르면서 공포에 떨고 있었다.

필자는 치료적 목적으로 동참했던 아빠가 아이의 사건 현장으로 달려가서 아이를 안고 무사히 나오도록 과거 사건을 편집하였다.

그리고 안전한 상황임을 확인시켜 주는 과정에서 아이가 아빠와 잡은 손의 체온을 느끼도록 하여 이 따뜻한 사랑의 에너지가 아이의 손으로 전달되어 온몸으로 퍼지도록 하였고, 그 에너지는 가슴의 심장박동을 통해 끊임없이 온몸으로 퍼지고 언제나 체온을 따뜻하게 유지하도록 자동화 암시를 하였다.

일주일 후의 점검 전화에서 아이가 거부했던 화상 치료를 잘 받고 있으며 손발이 예전처럼 따뜻해졌다고 들었다.

심리학적 관점에서 트라우마로 인해서 프로그램된 '냉증 자동 반응'이 무의식의 트라우마를 제거하는 과정에서 '정상체온 프로그램'으로 재프로그래밍된 것이고, 신경과학의 관점에서는 새로운 신경회로가 만들어진 것이다.

그리고 의학적 관점에서는 자율신경계의 항상성이 회복되어 체온 조절의 정상 기능이 회복된 것이다.

[참고]
필자는 인간중심주의, 실존주의 가치관을 가지고 있다. 전생이 있는지 없는지는 알지 못한다. 다만, 최면치료기법으로 전생을 가정하고 활용하는 것이다. 임상에서 전생이나 시간 퇴행을 통해 공포증, 불안장애, 우울증 등의 다양한 치유가 가능하다는 것을 경험하였으며, 사람에 따라 치료에 도움이 되는 경우에 한해서 치료기법으로 진행하고 있다.

[주의]
현실에서 철학관, 카페 등에서 최면 체험(쇼)이나 전생 체험(쇼)을 하는 사람들이 종종 있다. 그리고 상담소에서 그렇게 해 달라고 문의하는 사람들이 있다.

그러나 최면이란 무의식에 접근하는 가장 빠르고 효과적인 방법이지만 무의식이 불안정할 경우 매우 위험하고 급박한 상황이 발생할 수도 있다.

다수를 대상으로 하는 최면 실현(쇼)을 할 때, 일부 소수 체험자에게서 무의식의 기저에 있는 문제들이 작동하여 급박한 발작이나 공황 증상, 정신병증 등이 발생하게 될 수 있으며, 설사 급박한 상황이 발생하지 않더라도 무의식을 열고 안정화 상태로 마무리하지 않으면 체험자는 알 수 없는 혼란과 불안으로 일상에서 어려움을 겪게 될 수도 있다.

최면 쇼와 치료적 최면은 다른 것이다.

최면적 접근은 반드시 치료적 목적으로 전문가와 안전한 공간에서 진행되어야 한다.

4) 심리적·정신과적 문제를 보이는 그룹

① 의식·무의식, 심리와 마음
  ⇒ [30쪽 참고] 심리적·정신과적 문제를 보이는 그룹 고찰 '① 의식·무의식, 심리와 마음'
  ⇒ [38쪽 참고] 〈사례 4. 욕먹은 공황장애 공익요원〉
  ⇒ [40쪽 참고] 〈사례 5. 욕하던 공황장애 청년〉
  ⇒ [54쪽 참고] 〈사례 조각 2. 심리문제에서 심리장애로, 부적응에서 범죄자로〉

② 필터, 부정적 자아상의 보상·행동

색안경

응용심리학인 NLP[68]의 의사소통 모형에서 우리는 외부의 환경·사건에 대한 정보를 오감으로 받아들이고 신경계로 입력이 되는 과정에서 개인의 경험과 신념으로 형성된 필터들(Filters)[69]에 의해 생략(삭제)·왜곡·일반화 등의 여과작용(Filtering, 주관성)을 거치면서, 최종적으로 멘탈 스크린에 상이 맺혀진 내부표상(IR, Internal Representation)에 의해서 마음이 만들어지는 겁니다.

그리고 내부표상에 의해서 정서와 생리적 상태, 신체적 반응이 만들어지고 행동이 나옵니다.

예) 우습지 않은데도 계속 웃다 보면 즐거워지고 즐거운 마음의 상태가 되고 즐거운 순간들이 생각나는 IR이 만들어지고 즐거운 행동이 표현된다. / 공포영화를 보고 두근두근하고 소름 돋고 무서운 상태가 되고 계속 귀신이 생각나는 IR이 만들어지고 이불 뒤집어쓰고 무섭다 행동한다.

— 설기문, Certified Master Practitioner of Neuro-Linguistic Programming, Dr Seol's Mind Institute, 2017 —

---

68. [용어 정리] NLP(Neuro Linguistic Programing) : NLP는 오감을 중심으로 신경계통에 작용하는 신경체계(Neuro)와 언어(비언어적 의사소통 체계 포함)를 통하여 인간의 신경적 표상이 입력되어 신경 체계에 영향을 주는 언어(Linguistic)와의 연관된 상호작용으로 언어적 자극에 의한 신경 계통의 작용이 무의식적이고 특정한 형식으로 프로그래밍(Programing)된다.
즉, 들어온 외부 정보에 대하여 주관성(여과장치, Filters)으로 처리되고 형성된 마음이라고 하는 내부표상(IR) 중심으로 만들어진 프로그램을 재프로그래밍하는 심리기법이다. NLP는 신경과학적 관점에서 뇌의 신경회로를 변화시키는 과정이다.

69. '생략(삭제), 왜곡, 일반화, 가치와 신념, 태도, 메타 프로그램, 결정, 기억, 언어, 시간/공간/물질/에너지'의 주관성이 작용하는 여과장치(Filtering)

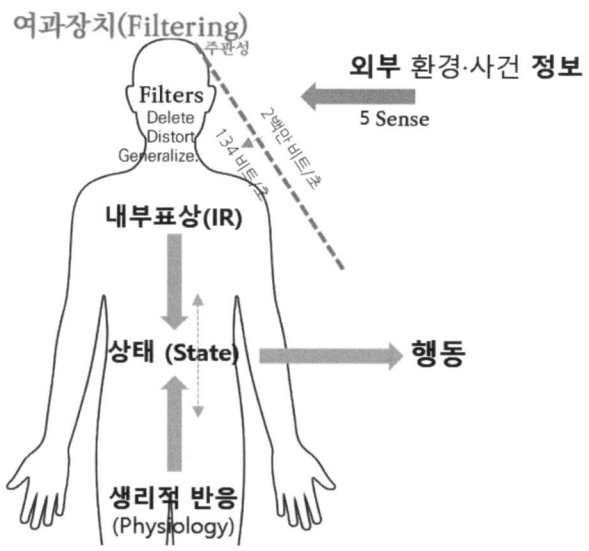

NLP Communication Model 도식[70]

내부표상(IR)은 외부와 내부를 바라보는 마음이다.

〈사례 2. 강아지 공포증〉 친구의 경우에 아이의 IR이 '강아지가 무섭다'고 보는 있는 것이다. 그래서 '강아지가 무섭다'는 마음이 있는 것이다. IR에 따라 마음에 따라 대상이 달리 보이는 것이다.

성장하는 과정에서 환경-양육-경험-학습을 통하여 내부표상(IR)이 형성되고 상태와 반응이 만들어지면서 외적행동과 내적행동(정서)으로 반응(표현)하는 것이다.

---

70. 〈참고〉 Certified Master Practitioner of Neuro-Linguistic Programming, Dr Seol's Mind Institute, 2017

세상이 그러한 정보를 주는 게 아니라 내가 그렇게 필터링하는 것이다 (예, 일체유심조). 이렇게 내가 하는 행동과 내가 느끼는 정서는 나의 필터와 내부표상의 결과이다. 반대로 타인의 나에 대한 정서는 그들의 내부표상이 만든 결과이다. 나와는 상관이 없는 것이다.

청소년·청년들은 학교가 사회가 '싫다'는 표현을 자주 한다. 그 대상이 무엇이든, 그 상황이 무엇이든, 다 싫은 것이다. 싫은 건 나의 내부표상이 그렇게 만들어졌기 때문이고 그렇게 여겨지는 이유에는 기질, 욕구, 신체 특성 외에도 자아상이 큰 역할을 한다.

스스로 소외된다고 여기는 사람은 타인의 작은 회피에도 화가 날 것이다. 스스로 무시당하는 사람이라고 여긴다면 작은 무반응에도 화가 날 것이다.

이렇게 자아상은 타인을 보는 색안경이 된다. 자신에게 부정적인 시각의 색안경을 끼고 있다면 타인의 행동에도 부정적인 색안경이 작동하게 된다.

성장 과정에서 '나는 소외당한 사람이야.'라는 색안경이 만들어진 아이는 타인의 작은 행동에도 소외감을 느끼고 소외당하지 않으려는 보상적 행동으로 관심받기 위해 외모를 꾸미거나 소외당하지 않을 만한 자격조건을 갖추려고 하거나 회피적 행동으로 대인관계에서 생기는 불편을 경험하지 않기 위해 사회적으로 고립되고 무관심한 위축된 태도를 보이기도 한다.

'나는 피해받은 사람이야!'라는 부정적 자아상이 만들어진 아이는 타인의 작은 행동에도 위협을 느끼고 과도하게 경계하고 흥분하게 된다. 그리고 반대로 보상적 행동을 하기 위해 폭력적으로 변하기도 하고 권력을 가지려고 하며, 회피적 행동으로 자신만의 은신처에서 안전을 추구하는 환자의 모습을 보이기도 한다.

색안경을 쓰고 나를 볼 때는 '내가 수동적으로 소외되는 사람'으로 보이고, 타인을 볼 때는 '타인이 나를 능동적으로 소외시킨다'로 보인다.

이처럼 외부로부터 들어온 객관적 정보를 자신의 부정적 필터들(Filters)을 통해서 만들어진 내부표상(IR)에 의해서 부정적 자아상이 형성되는 경우 자신과 세상에 대한 부적응과 심리문제를 경험하게 되고 심한 경우엔 심리장애·정신장애가 발생하기도 한다.

임상에서 부정적 자아상으로 학교나 사회에 부적응하고 자해·자살 등의 문제행동을 하거나 공황장애, 중독 또는 알레르기를 보이는 친구들이 찾아온다. 이들은 자신의 모습(자아상)에 대한 회피적 행동이나 보상적 행동 때문에 사회 부적응적인 삶을 살아가고 있는 것이다.

〈사례 조각 4. 부정적 자아상의 회피 행동〉

위에서 언급된 〈사례 5 욕하던 공황장애 청년〉을 부정적 자아상과 보상·회피 행동[71]의 관점에서 바라보면, '욕하던 공황장애 청년'의 자아상(열등감, 의존감)은 비난받는 외부 상황으로부터 '피하고 싶다'는 알레르기를 만들어 내고 순식간에 두려움과 공포가 몰려오는 심리적 증상인 공황 발작을 일으켜 안전한 보호를 받는 이득(SG)을 얻고 있는 것이다.

만약 사회로 나아가고 싶은 마음이 사라진다면 시간이 지날수록 불편한 편안한 안전 가옥에서 '끓는 물 속의 청개구리'가 되어 심신이 무너지고 심리적·정신과적 장애가 악화하면서 '은둔형 외톨이'가 될 것이다.

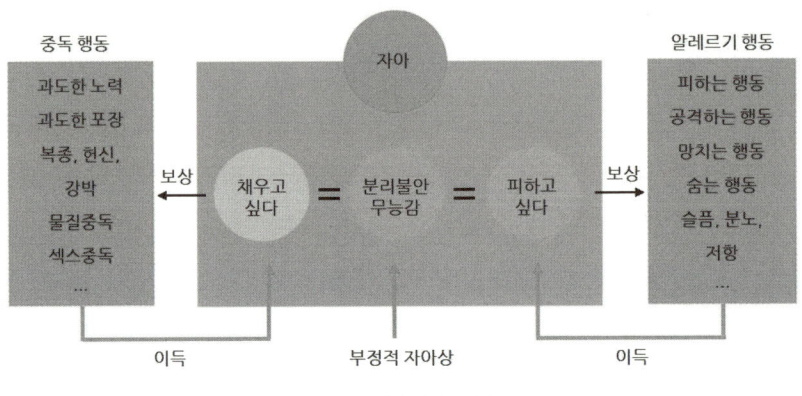

부정적 자아상과 이득[72]

---

71. 〈참고〉
    [도서] 이재진, 《너에게 끌려다니지 않을 자유》, 투리북스, 2015
    [도서] 신대정·이경규, 《구속된 마음 자유를 상상하다》, 학지사, 2022
    [도서] 현용수·신대정·김문자, 《명상심리상담전략》, 행복한마음, 2023
72. 〈참고〉 [도서] 이재진, 《너에게 끌려다니지 않을 자유》, 투리북스, 2015, 〈그림 부3-9〉 관계중독을 유발하는 NSM, 〈그림 부3-10〉 변화의 방향을 설명하는 NSM

〈사례 13. 색안경 소녀〉
기질과 욕구의 부적응으로 인한 부정적 자아상의 보상·회피 행동

색안경을 낀 아이가 찾아왔었다. 등교를 거부하고 SNS에 몰입하면서 공황장애 증상을 보이고 잦은 자해를 시도하는 친구였다.

> 내담자 : 제가 '찐따'잖아요! 트위터에서는 집착 안 하고 긴장 안 하고 싶어서 '현생이 아닌 가상 세계 친구인데 있으면 있고 없으면 없어도 되는 마인드'로 하고 싶었어요.
>
> 트위터에서 웃기려 반응 얻으려 글을 쓰고 사진도 편집해서 올려요. '버림받으면 안 돼!'
>
> 오늘 단체 방에 친구를 소개해 줬는데 아무도 반응이 없어요. 화가 나서 싸우고…. 계정이 완전히 차단되었어요. 영구 정지.
> 현타가 와요. 관심받는 데….
>
> 내가 쓴 글을 다 지웠어요. 나는 트위터 노예가 아니에요. 트위터 인간관계 집착하는 거 너무 한심해서 현생에서 살기로 했어요. 근데 현생에서도 망쳐서 지금 어떻게 해야 할지 모르겠어요.

아이는 '외롭다'라는 부정적 자아상을 채우기 위해 SNS에 중독되고 과도한 노력과 포장을 하며 자신을 무력하게 보이지 않으려 과도한 시도를 하면서 피로가 누적되고 에너지가 소진되면서 마음이 부러져 버렸다. 자율신경 항상성이 깨지면서 무기력·우울, 불안·초조·불면 등의 증상을 호소하고 있었다.

이 친구는 성장 과정의 상처와 트라우마를 치유하면서 내면아이[73]를 치유하고 통합하여 자아상을 변화시키는 과정과 생활 방식을 개선하여 자존감과 자기조절 능력이 향상되고 메타인지[74]를 계발하여 자기인지능력이 향상되는 과정을 통해 자아상이 건강하게 회복되면서 채우거나 피하려고 했던 보상행동이나 회피행동이 사라지게 되었다.

③ 신체와 관련된 자율신경실조

우리는 '외부 자극에 반응하는 피부·근육·관절과 내장기관에 있는' 감각 수용체로부터 감각을 입력받고 신경계통을 통하여 경험하고 반응한다.

신경계는 뇌와 척수를 중심으로 감각기관과 운동기관이 신경에 의해 연결된 체계로 뇌와 척수를 중심으로 하는 중추신경과 중추신경에서 나와서 몸의 구석구석으로 뻗어 나와 몸의 각 부분을 연결하는 말초신경으로 구성된다.

말초신경은 해부학적 구성에 따라 뇌신경(뇌에서 뻗어 나온 신경, 12쌍), 척수신경(척수에서 뻗어 나온 신경, 31쌍)으로 구분되며, 기능적 구분에 따라 체성신경(감각신경·운동신경)[75], 자율신경(교감신경·부교감신경)으로 구분된다.

---

73. [용어 정리] 내면아이 : 개인의 마음속에서 하나의 독립된 인격체처럼 존재하는 아이의 모습으로 인생 전반에 지속적인 영향을 주는 존재
74. [용어 정리] 메타인지 : 자신의 인지 과정에 대하여 한 차원 높은 시각에서 관찰·발견·통제하는 정신 작용
75. 체성신경계의 운동신경은 중추신경계로부터 오는 신호를 중추에서 말단(골격근)으로 전달하여

말초신경의 기능별 역할

- 감각신경(체성신경)은 온몸의 (외부 자극/피부·근육·관절/내장기관 감각 수용체로부터) 감각을 중추신경에 전달, 정보 입력
- 운동신경(체성신경)은 중추의 명령을 인체 각 부위에 전달, 직접적인 수의적 운동
- 자율신경은 심장·내장·호흡 등의 기능을 조정, 불수의적인 활동을 조절
  - 교감신경은 스트레스 상황이나 응급 상황일 때 작용함
  - 부교감신경은 휴식 상태의 신체활동을 조절함

자율신경은 내 마음대로 조절할 수 없는 신경으로 생명 유지에 필수적인 작동을 의식하지 않아도 알아서 스스로 계속하는 신경으로 인체 내부의 상태나 외부 자극에 대해 혈압, 호흡, 소화기능, 호르몬 분비, 체온조절 등을 일정한 상태로 유지하는 기능을 한다.

우리 자율신경 Balance 시스템은 위기 상황에서 대처할 수 있도록 스트레스·긴장·응급 상황에서 작용하는 교감신경과 휴식 상태의 신체활동을 조절하고 흥분·긴장 상태를 정상 상태로 회복시키는 이완 상태에서 작용하는 부교감신경으로 구성되며, 자율신경의 교감신경의 '긴장'과 부교감신경의 '이완' 작용 통하여 우리는 안전하고 건강한 몸을 유지할 수 있게 된다.

자율신경계의 교감신경과 부교감신경의 단말에서 서로 다른 신경전달물질을 분비하는 길항작용을 통해서 우리 몸은 항상성(Homeostasis)[76]이

근육운동을 일으키고, 감각신경은 말단(감각기)에서 오는 신호를 중추신경계로 전달하여 감각을 일으킨다.

76. [용어 정리] 항상성(Homeostasis) : 변수들을 조절하여 내부 환경을 안정적이고 상대적으로 일

유지되면서 안전하게 기능을 한다.

- 교감신경 절후에서는 노르에피네프린(norepinephrine, 노르아드레날린)이 분비
- 부교감신경 절후에서 아세틸콜린(acetylcholine)이 분비

우리 몸은 시소의 막대와 같이 교감신경과 부교감신경이 서로 균형을 이루도록 길항작용[77]을 하면서 항상성 조절 및 회복 기능을 한다.

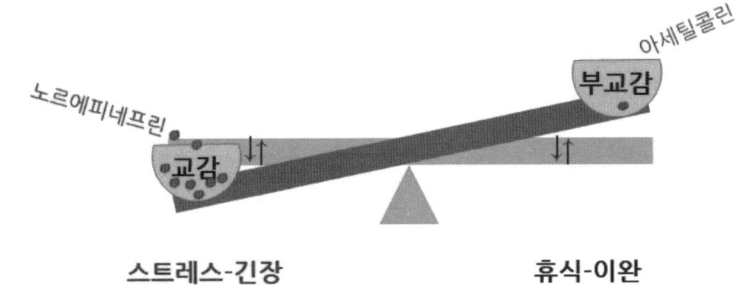

교감신경-부교감신경 Balance

그런데 이러한 기능이 유기적이고 자율적으로 잘 조절되지 못하면 인체의 항상성이 깨지고 신체에 이상 증상이 발생하여 호흡 곤란, 체온조절 문제, 소화불량, 심한 두통 등의 질환이 생길 수 있다.

교감신경이 과도하게 항진(활성화)되면 불안·초조·공황 등의 증상이 나타날 수 있고, 부교감신경이 과도하게 항진이 되면 우울감·무기력·만성피

정하게 유지하려는 계의 특성

77. [용어 정리] 길항작용 : 어떤 현상에 두 요인이 동시에 작용할 때 서로 그 효과를 억제시켜 항상성을 유지하는, 생물체 내의 상쇄작용

로 등의 증상이 나타날 수 있다. 그리고 자율신경실조증 상태에서는 불안하면서도 무기력하고 우울한 증상이 나타날 수 있다.[78]

이처럼, 자율신경이 조화롭게 조절되지 못해 균형이 깨지게 되면 여러 가지 신체적·심리적 증상이 나타나게 되고, 항상성이 유지되는 안정상태가 되면 몸은 이완이 되고 마음은 안정이 되며 인지기능이 정상적으로 회복된다.

임상에서 과도한 스트레스(긴장·초조·불안)에 의해 교감신경이 항진된 상태에서 스트레스가 풀리지 못한 채 휴식이나 충전 등의 적절한 이완 대응을 못 하게 되면서 교감신경 과부하로 부교감신경과의 조화가 깨지면서 호흡이 빨라지고 가슴 두근거림, 뒷목 당김, 수면장애를 보이면서 불안이나 공황 증상 등의 급박한 신체적 증상을 호소하거나 지속적인 교감신경 항진으로 지쳐 버려서 힘이 빠진 상태로 무력감, 우울감, 만성피로 등을 호소하는 친구에게 심호흡이나 자기이완, EFT[79], TAT[80] 등의 기법을 활용하여 교감신경을 안정시켜 급박한 신체적 증상을 해소하기도

---

78. 〈참고〉
   [유튜브] 정라레Lifestyle Doctor, "꿀벌호흡 하루 1분 꼭 하세요! 약 없이 자율신경실조증 치료하기", www.youtube.com/watch?v=xK-YgDOwCtI
   [유튜브] 오상신경외과, "자율신경이란 무엇인지?, 자율신경실조증과 스트레스의 연관성", www.youtube.com/watch?v=WgUjNSuYuQY
   [유튜브] 오상신경외과, "자율신경실조증과 정신과 증상이 별개의 문제가 아닌 이유", www.youtube.com/watch?v=ONBR8QPmtgs

79. [용어정리] ETF(Emotional Freedom Technique) : 미국 게이 크레이그(Gary Craig, 엔지니어·자기계발코치·목사)가 TFT(Thought Field Therapy)에 바탕을 두고 단순화하여 개발한 심리치료법으로 경락이론을 바탕으로 한다.
   〈참고〉 [부록] 주로 사용된 NLP 기법 中 EFT (Emotional Freedom Technique)

80. [용어 정리] TAT(Tapas Acupressure Technique) : 1993년 Tapas Fleming이 개발한 부정적인 감정과 과거의 외상을 제거하는 대체의학 요법으로 지압 기술들을 기반으로 통합되었다.

한다.

때로는 주야가 바뀌고 잠을 자지 못하며 게임에 중독된 상태로 생활 패턴이 망가진 친구들에게 이완훈련이 포함된 'Self Training'을 진행하여 습관화된 생활 방식과 문제행동을 개선하는 예도 있다.

필자는 내담자의 위급한 상태에 따라 정신과 약물치료와 심리치유를 병행하여 진행하기도 한다. 정신과 약물이 내담자의 질환을 치료하는 데 도움을 줄 수도 있지만, 이왕이면 약을 사용하지 않으면서 심신의 균형을 스스로 회복하고 조절하는 습관을 만들어 자신감을 회복시키는 것이 주 호소문제를 해소하고 일상을 살아가는 데 도움을 줄 수 있다.

트랜스 상태와 부교감신경

심신이완 트랜스 상태(Trance State)는 심호흡을 하면서 몸이 이완된 상태에 들어가게 되면서 명상에 잠겨 있을 때처럼 알파파가 나와 몽환적이거나 멍한 상태를 경험하며 눈이 감기고 고개가 떨어지는 상태로 안정을 취하거나 무언가에 집중하는 상태에 가깝다. (참고, 수면 상태에서는 알파파보다 느린 델타파가 관찰된다.)

트랜스 상태에서는 부교감신경이 활성화되기 때문에, 교감신경이 지나치게 활성화되어 생기는 '초조, 불안, 불면 등'의 심리적·정신과적 질환을 치유하거나 개선하는 데 도움을 줄 수 있다. 또한 트랜스 상태에서 교감신경과 부교감신경의 균형(Balance)을 회복하는 다양한 자기 조절훈련과 심리치유 과정을 통하여 자율신경 항상성의 균형과 조화의 기능이 회복되고, 뇌의 전전두엽[81]과 편도체[82]의 기능 회복으로 인지기능이 안정상태로 유지되어 자신을 포함한 외부 환경을 조절하고 통제할 수 있는 유연한 능력이 형성된다.

자율신경 Balance '수면 외의 깊은 휴식'

- 복식호흡, 426 맥박 호흡법[83], 꿀벌호흡법[84]
- SELF Training '자기이완 훈련'(트랜스 상태 활용)
+ 안희태 박사의 자기최면 7단계(10분 휴식과 충전)
+ NSDR(None Sleep Deep Rest)[85]

---

81. [용어 정리] 전전두엽 : 뇌의 명령 체계이며, 외부의 반응을 총합해 명령하거나 뇌의 반응을 받아 외부로 행동하는 등의 총체적 판단 체계이고, 원초적 감정에 대해서 이를 조절하고 관리하기도 하며, 사회적 감성(동정, 죄의식)에도 관여한다. 총체적인 뇌내 스트레스의 조절자이다.
82. [용어 정리] 편도체 : 가장 원초적인 감정을 느끼게 하며 또한 공포, 분노에 반응하는 부위로 유사시 필요한 반사적 반응으로 즉각적인 위험으로부터 자신을 보호하는 기능을 한다.
83. 〈참고〉 [유튜브] 강남허준 박용환tv, "숨만 잘 쉬어도 공황장애, 우울, 스트레스, 긴장, 초조, 불안증을 조절할 수 있습니다", www.youtube.com/watch?v=rghGiccwL9o
84. 〈참고〉 [유튜브] 정라레Lifestyle Doctor, "꿀벌호흡 하루 1분 꼭 하세요! 약없이 자율신경실조증 치료하기", www.youtube.com/watch?v=xK-YgDOwCtI
85. [용어 정리] NSDR(None Sleep Deep Rest, 수면 외의 깊은 휴식) : 스탠포드 대학교 뇌과학자 Andrew Huberman이 개발한 휴식 방법으로 낮잠을 대신할 수 있는 방법
〈참고〉 [유튜브] 터닝포인트 - 위대한 성공의 시작점, "하루 한시간을 세상에서 가장 효율적으로 쓰는 방법.. #찰리몰리 #낮잠의비밀", www.youtube.com/watch?v=svQcdf3k9og&t=396s

자율신경 Balance '생활 방식 변화'

STCL(Self Training Check List!)를 활용한 일상생활 지도로 생활 방식을 안정시키고 메타인지를 발달시켜 신체적·심리적 균형을 회복하고 자신을 조절하고 관리하는 인지적 성숙을 개선시킨다.

+ [참고] 〈사례 3. 틱 청년〉, 〈사례 7. 수족 냉증 아이〉, 〈사례 10. 같은 증상 다른 원인, A·B〉 B, 〈사례 14. 덜컹덜컹〉, 〈사례 12. 배 째〉

+ [262쪽 참고] 부록 4. Self Training Check List

5) 전반적인 문제를 보이는 그룹

① 의존 안전성 보장(이득)

자기와 세상에 대해 자극과 반응을 통해 경험하고 학습하면서 성장하는 청소년·청년기 과정에서 '신체, 기질·욕구, 심리·마음 사회·환경'의 요인들이 안정상태를 유지하는 균형(Balance)과 조화(harmony)를 벗어나게 될 때, 부적응 상태가 발생하고 의식적·무의식적, 신체적 차원에서 다양한 문제행동이 나타나게 된다.

경험과 성장의 과정에서 다양한 요인들 측면에서 미성숙하고 미발달하고 결핍되었기 때문에 다양하고 복잡한 오류와 부적응 문제를 보이는 것이다.

각 요인의 균형(Balance)과 요인들 사이의 조화(Harmony)가 깨진 불안정한 상태에서 고장 난 로봇처럼 오작동하기 시작한다. 프로그램에 오류가 나고, 바이러스가 생기고, 부품들이 망가져 더 이상 작동을 하지 못하거나 오작동하는 것이다.

그들은 안전하고 행복하게 살고 싶어 한다. 이미 망가져 버린 채 쫓기는 짐승처럼 어떤 도움이나 어떤 기회도 거부한 채 안전한 탈출로만 찾아다닌다.

망가져 버렸기에 망가진 선택을 하는 것이다. 모든 것으로부터 벗어나 안전해지고 싶어 자기만의 영역을 지키고자 하는 것이다.

다양한 요인들의 불균형(Imbalance)에서 오는 보상적이고 회피적인 이득(Secondary Gain)을 누리면서 학교와 관계, 사회로부터 부조화(Disharmony)된 상태로 고립되고 은둔형으로 가면서 편안하고 안전하다고 착각하는 것이다.

이들은 주변에서 제공한 불편하지만 편안한 안전 가옥에 머물며 환자가 되기도 하고 대장이 되기도 하면서 안전을 성취한 패잔병의 승리 깃발을 꽂고 있는 것이다. 점점 깊이 빠져드는 늪 속에서 그 편안함을 느끼면서 가라앉고 있지만, 그럴수록 더욱 발버둥 치며 살려고 애를 쓴다.

그들이 문제가 아니라, 그들이 선택한 방법이 문제이다. 아니, 그들이 선택한 방법이 아니라 그들을 그렇게 몰고 간 습관이 문제이다. 그리고 습관이 그렇게 되도록 허용한 마음이 문제인 것이다.

그래서 "하지 마라!"라는 말을 해도 소용이 없는 것이다. 그럴수록 더 힘들어지고 더 나빠진다.

오작동하는 마음은 멈추지 않는다. 그러니 상담이나 코칭하지 마라. 의식과 무의식 Balance를 회복시켜야 한다. 가치와 의미를 만들어 주고 건강한 습관을 만들어야 하는 것이다.

자신에 대한 Balance를 유지하고 환경과 Harmony를 이루면서 스스로 업그레이드(Upgrade)하도록 성장시켜 줘야 한다.

은둔형

불편한 편안함의 '의존 안전성'

이들 대부분은 청소년·청년기의 성장 과업을 달성하는 과정에서 '생물·심리·사회' 요인에 대한 부적응 문제들로 인하여 사회적-성격적 욕구의 불일치와 마음과 행동의 메커니즘 Error로 무너지는 상태에서 무기력·우울·불안과 관련된 심리적 병증에 취약해진다. 좌절과 심리적 외상, 생각의 기준이 무너지는 혼란 속에서 '자기 인생이 다 무너지는 것' 같은 감당하기 힘든 경험을 하게 되고 학교-직장-사회에 부적응하게 되어 심각한 좌절과 회피 그리고 잘못된 보상행동을 하게 된다.

이런 과정에서 피해의식과 자기연민에 길들여지고 불편한 안전 가옥인 집 안이나 특정한 공간에 주로 머물며 가족이나 소수 지인 이외의 사람들과는 인간관계를 맺지 않고 사회적 활동이나 관계를 회피한 채 가족이나 환경에 대하여 비난하거나 갈등을 유발하는 모습을 보인다.

성격적 기질(TEB) 과부하로 인한 균형 깨짐이 발생하고 심리적으로 부정적 자아상의 보상·회피 행동을 하게 된다.

신체적으로 자율신경실조 상태에서의 무기력·만성피로·우울, 불안·초조·불면·공황 등과 심리적·정신과적 질환인 공황장애, 불안장애, 우울증, 중독, 강박장애, 망상장애와 조현병 등을 동반한 채로 머물게 된다.

중고등학생이나 대학생이 은둔형으로 찾아오는 경우에는 심리문제·정신문제·행동문제·학교문제·관계문제를 치유하여 원기능이 정상 수준으로 회복되는 사례가 많다.

이 시기에는 심한 수준의 제한적 신념, 부정적 믿음과 인식, 패러다임(습관, 관념, 기준), 부정감 중독, 부정 고착감을 보일 수도 있지만 심각한 정도의 심리적·정신과적 질환을 경험하지 않은 경우가 많기 때문에 치유의 예후가 좋은 편이다.

일반적으로 40세 이후의 성인 내담자들은 사회적으로 고립된 은둔형의 삶에 대한 변화에 심하게 저항하며 우울, 불안, 강박 등으로 인한 불편감을 해소하기 위한 치료 목적으로 내방하는 경우가 많다. 이미 익숙한 삶이 고착되어 버리고 몸이 마음의 주인이 되어 버린 것이다. 그들은 '불편한 편안함'의 고통 속에서 '보호와 안전'에 숨어 있다.

아쉬운 점은 '그 누구도 자신이 아닌 타인을 강제로 변하게 할 수 없다'는 것이다. 그래서 저항이 심한 은둔형의 경우에는 치유에 어려움이 많다.

은둔형 치유를 위한 가장 좋은 경우는 성격이나 정체성이 완전히 굳어지지 않은 성장 과정에서 의식적 측면, 무의식적 측면, 습관적 측면, 생활적 측면에서 통합적으로 개입을 하는 것이다. 잘못 형성된 사고기준과 습관(몸-마음)을 수정하고, 건강한 마음 상태로 회복해서 새롭게 세우고 습관화된 문제행동과 생활 방식도 코칭과 훈련으로 개선하는 것이다.

은둔형을 치유하기 위해서는 청소년·청년 전문 심리상담과 동시에 마음(의식적·무의식적)을 다루는 마음치유를 진행하며 문제행동과 생활 습관을 다루는 코칭과 부모 상담도 함께 진행해야 한다. 단순한 심리상담이나 심리치료만으로는 도움이 되지 못하고 오히려 회복되기 위한 시간과 기회가 낭비된다.

은둔형 문제 중에 단순하거나 쉬운 문제는 전혀 없다.
이미 기질과 환경에 부적응한 상태로 다양한 영역에서 부정적 경험과 잘못된 학습에 의한 오류와 장애를 가지게 되고 '몸이 마음이 된 상태', '나쁜 중독에 빠진 상태', '부정적 자아상의 색안경을 쓴 채'로 이차적 이득이 포함된 고착된 삶을 살고 있기 때문이다.

이들이 사용하는 <u>은둔형 외톨이 안전성 전략 '이득-은신처'</u> 진행 과정을 살펴보면 이들은 성장 과정에서 상처와 트라우마를 경험하며 힘들어서 못 견뎌 하고, 스트레스와 불편감에 대해 회피와 굴복의 반응을 보이면서 열등감(무능감)이 고착된 상태로 의존된 삶 속에서 안정상태를 유지하려고 한다.

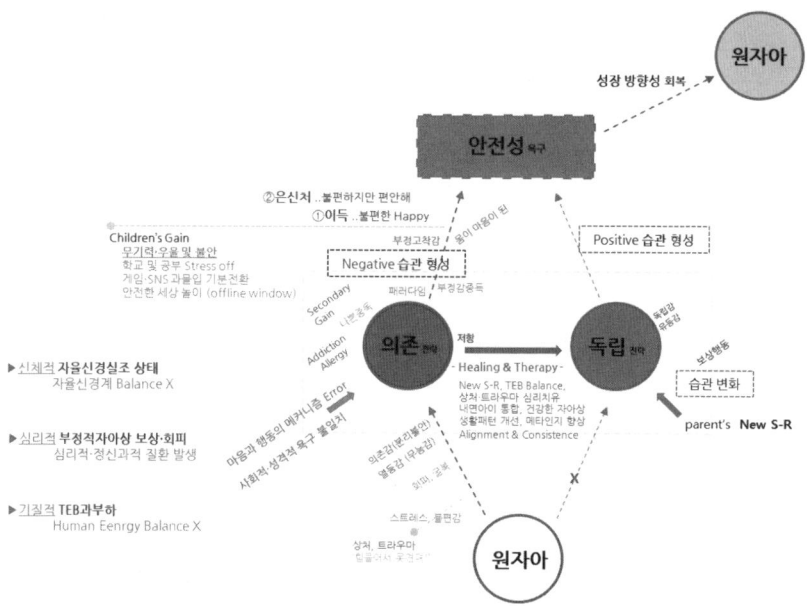

Socially Withdrawn Youth's 안전성 Strategy '이득-은신처' 도식

　이때 과잉 보상을 얻기 위해 주변을 통제하는 방법(① 환자 코스프레 ② 가스라이팅 ③ 폭력 사용)을 사용한다. 이러한 일상이 지속되면서 무기력과 우울 그리고 불안이 증가하게 되며, 학교에 가지 않거나 부적응한 문제행동을 하기도 하고, 자해 및 자살을 시도해서 학교와 공부로부터의 스트레스 해방, 게임 과몰입 기분전환, 안전한 세상놀이(offline window)를 하게 되는 보상(이득) 경험을 하게 된다.

　이러한 보상 학습에 의한 이차적 이득(SG, 불편한 행복)과 불편하지만 편안한 은신처에서 안전성 욕구를 채우며 성장을 멈추고 지내고 있는 것이다.

이들은 '의존을 버리고 분리감과 유능감을 가지고 독립된 자아로 성장'하는 것을 두려워하고 있다. 그리고 부모의 자녀에 대한 죄책감과 무한한 관심과 사랑을 먹고 큰 캥거루 새끼로 자라나게 된다.

서서히 끓는 물 속의 청개구리처럼 불편한 편안함에 죽어 가고 있는 것이다.

이들의 치유는 도식에서 보듯이 성장의 방향을 정상적으로 회복하는 과정이다. 그러기 위해서는 상담사와 부모가 하나의 팀으로 아이를 이끌어 주고 나아가야 하며 아이를 One Team에 합류시켜 건강한 가족 기능을 회복시켜야 한다. 그리고 지속적인 성장 과정이 안정적으로 진행될 수 있도록 고착된 습관과 성격을 개선하기 위한 과정도 함께 진행해야 한다.

- 심리치유 단계별 과정 -

1단계, 자율신경계 기능 회복(by TEB)
   부정적 자아상 변화(by NLP&최면적치유)
   정렬 & 일관성 개선(by NLP&최면적치유)

2단계, 습관 바꾸기와 정체성 변화(by STCL Self Training Check List)
   성숙한 성격 변화(by 사회훈련병, 습관·성격 바꾸기)

+ Family S-R(by 부모강화)
+ 24H긴급지원, 생활지도지원

심리적·정신과적 증상은 '의식-무의식-몸'이 변화되는 과정에서 자연스럽게 치유된다.

〈사례 14. 덜컹덜컹〉
부적응 5요인으로 인해 일상이 망가진 성격장애 경향의 고립 청소년

30대 청년의 노부모가 찾아왔다. 무기력·우울하고 불안한 상태로 온종일 집에서 컴퓨터·스마트폰만 하면서 일상이 뒤바뀐 상태로 잠을 자지도 못하고 청결 강박과 피해망상, 요실금 문제 등으로 수년을 세상과 단절된 채로 살고 있다고 한다. '증상 초기에 정신과 약물을 처방받았으나 복용하지 않고, 요실금 관련 문제는 진료받은 적이 없다'고 한다.

몇 년 전에 상담받으러 간 적 있었으나 치료사가 이마를 두드리면서 치료요법을 사용한 이후에는 증상이 심해지면서 사람에 대한 공포증과 트라우마가 생겼다.

일상에서 쓰레기나 물건을 맨손으로 절대 만지지 못하고 비닐장갑을 하루에 수십 개씩 사용하며 가스는 켜거나 끄는 것을 두려워해 사용하지 못하고 화장실은 더러워 잘 쓰지 않는다고 한다.

본인이 사용하는 비누, 비닐장갑 등이 준비되지 않으면 짜증을 내고 온 집안 물건을 부수기도 한다. 스트레스가 심해지는 날이면 숨쉬기가 어려워지고 머리가 아프다고 호소하기도 한다. 새벽녘에 가끔 바람 쐬

러 나가기도 하는데 산책로에 같은 차가 있다면서 '자신을 감시하고 있다'고 한다.

TCI 생물학적 기질 검사에서 매우 극단적인 기질과 미성숙한 성격으로 "호기심(흥미)은 많지만 동시에 두려움과 불안감이 높아 내적 갈등이 심하고 에너지가 많이 소모되면서 잦은 짜증을 드러낼 수 있다. 잘할 땐 잘하는데 까다롭고 예민할 땐 종잡을 수 없는 상반된 모습을 보이며, 거절할 때는 강하게 자기주장을 하기도 한다".[86] 불안이 높고 자기 확신이 낮으며 주변 반응을 신경 쓰지 않고 자기중심적이며 공감 능력이 현저히 떨어져서 인간관계에 문제가 발생할 수 있다. 세상에 나가지도 못하고 멈추지도 못하는 불안정한 상태에서 신경질적인 양가 상태에 머물 수 있다고 시사하고 있다.

또한 자기 개념의 안정성이 없어 정체감이 혼란스럽고 관계의 공허감과 충동성으로 불안정한 성격을 보이는 경계선 성격장애 경향이 시사되었다. (치유 예후가 불량할 것으로 파악된다.)

PAI[87] 성격평가 질문지 검사에서 건강 염려를 보이며 자신의 건강 상태나 신체적 문제에 대해 집착하고, 지나치고 반복적인 관심과 염려로 인한 우울과 무기력으로 주의력과 집중력이 저하되면서 스트레스에 취약해지

---

86. [유튜브] 전미아의 랜선육아, "TCI기질검사, 해석하는 방법! 서대문든든어린이집과 프롬맘이 함께한 육아강의 (2) | 자극추구, 위험회피 | 프롬맘 아동심리상담센터 전미아 원장", www.youtube.com/watch?v=azsJT5xLAv8&t=1s
87. [용어 정리] PAI(Personality Assessment Inventory) : 성인의 다양한 정신병리를 측정하기 위해 구성된 성격검사로 임상진단, 치료계획 및 진단집단을 변별하는 데 정보를 제공한다.

고 과도한 긴장이나 피로감을 경험하고 있으며 손바닥에 땀이 나거나 손이 떨리고 두근거림 등의 신체적 징후를 보인다.

과거에 있었던 외상적 사건에 대한 불편과 불안이 지금도 지속되고 있으며, 부정적 생각(무가치·무능감)과 주관적인 불편감·무쾌감으로 인한 정서적 우울을 경험하고 낮은 자존감으로 자신을 부적절하게 느끼고 긍정적인 측면을 수용하거나 인정하기를 꺼리면서 누군가 자기를 욕하고 있다는 느낌을 받고 참을성이 낮을 것으로 보고된다.

또한 누군가 자신의 이익을 빼앗기 위해 모의를 하고 있고 자신이 부당한 대우를 받고 있다고 의심하는 망상[88]적 사고를 보인다.

타인에게 관심이 없고 내성적이며 수동적이어서 친밀하고 따뜻한 대인관계가 어렵고, 대인관계 상황에서 생기는 불편을 경험하지 않기 위하여 사회적 고립과 무관심 상태를 유지하고 있다.

정서적으로 다소 불안정하며 기분의 동요가 빈번하고 갑작스러운 분노를 통제하지 못하는 때도 있는 것으로 드러났으며 정서적 반응성, 빠른 기분 변화 및 정서적 통제의 어려움이 시사되고 있다.

---

88. [용어 정리] 망상 : 기적적으로 실제로는 존재하지 않는 특정한 생각을 본인은 사실로 믿고 있는 것으로, 망상은 실제로는 존재하지 않는 일을 사실로 굳게 믿고, 사실이라고 생각하고 그거에 따라 반응을 한다.
〈참고〉 홍상황 진주교육대학교, 성격평가 질문지(PAI)의 해석과 활용

자기중심적이고 이기적으로 다른 사람의 입장과 처지를 생각하는 능력이 부족하고 공감 능력이 현저히 떨어지면서 '하고 싶은 욕구'를 충족시키기 위해 지나치게 타인이나 가까운 사람들을 이용하려는 경향도 시사된다. 그리고 분노를 신체적으로 표현(재물파손, 폭력, 위협 등)하려는 경향으로 인해 주위에 있는 사람들은 이러한 성질을 겁내고 두려워하는 까칠한 아이의 모습으로 살고 있다.

[설명]
양육 과정에서 부모의 지나친 처벌과 통제의 양육방식으로 원리 원칙만 중요시하고 융통성이 없이 세밀한 것에 집중하고 완벽주의를 추구하여 '나는 실수하면 안 돼!'라고 생각하고 살았다고 한다.

청소년기에는 공부를 잘하고 깔끔한 성격의 아이로 자기 사물함에 다른 친구가 영역을 침범하지 못할 정도로 예민한 성격이었지만 또래 관계는 좋았다고 한다.

그러나 중학교 시절 무시당하고 괴롭힘받은 경험과 고등학교 때 배신당한 경험, 대학 아르바이트 때 해고된 경험과 길 가다 시비 붙어 피해를 본 경험 등으로 사람에 대한 상처와 트라우마가 있다고 한다. 또한 대학 때 교통사고를 크게 당해서 현재도 대중교통 탈 때 몸이 힘들다고 한다.

최근 몇 년 전에는 아르바이트로 일하다가 손님의 옷을 망가트린 이후에 '나는 쓸모없는 인간'이라는 생각이 들었다고 한다.

1년 전쯤에 손님이 화장실을 썼는데 며칠 후에 성병이라고 전해 들었고 그 이후로는 "집이 더럽다." "더러운 게 번졌다."라는 생각이 계속 들었다고 한다.

이 친구는 생물학적 기질(temperament)에서 매우 극단적인 기질 '자극 추구와 위험 회피'의 내적 갈등과 혼란 속에서 어린 시절 강압적이고 통제적인 양육 환경과 또래 관계의 상처·트라우마와 세상에 대한 부적응 문제를 경험하면서도, 성격이 기질로부터 자유롭고 유연해지지 못한 상태로 자신의 기질을 조절, 아직 오지 않은 미래의 일을 반복해서 고민하고 걱정하는 반복되는 생각과 감정(느낌)으로 파페츠 회로[89]의 사이클을 반복하면서 부정적 감정과 생각에 더 강렬하게 압도되었다.
그로인해 Human Energy Balance가 깨진 상태로 무기력·우울과 불안한 상태 속에서 열등감(무능감)과 분리불안(의존감)의 부정적 자아상이 만들어졌다.

이렇게 형성된 부정적 자아상은 자신의 부족함을 채우기 위해 외부와 내부의 상황을 통제하며 규칙을 만들고 완벽주의를 추구하며 두려움을 처리하거나 숨기기 위해 떠오르는 강박적 사고와 강박행동을 보이고 건강 염려와 신체적 증상으로 관심과 보호 속에서 자아상을 보상하려고 한다.

또한 자신의 부족함을 회피하기 위해 짜증을 내고 폭력적 성향을 드러내는 까칠한 사람으로 사회적으로 고립된 채 안전한 은신처에 머물고 있다.
결핍을 채우기 위한 보상행동이든 피하기 위한 회피행동이든 모두가 내담자의 안전한 보호를 위한 이득(SG)과 은신처를 제공하고 있다.

---

89. [용어 정리] 파페츠 회로 : 1937년 뇌 과학자 파페츠에 의해 발견된 뇌의 변연계의 일부를 포함한 기억 회로
〈참고〉
[도서] 사오TV, 《당신의 공부는 틀리지 않았다》, 다산북스, 2022

문제는 이러한 일상을 살아가면서 게임·스마트폰 등의 나쁜 중독에 빠지게 되고 생활 방식(life pattern)은 엉망이 된 채로 자율신경의 균형과 조화의 기능이 깨지고 자아상의 부정감은 고착되어 미성숙한 아이로 행동하고 망상을 하며 살아가게 되는 것이다.

무능감(열등감)과 분리불안 속에서 자율적으로 행동하지 못하고 의존적으로 행동하며 자신의 안녕을 지키려고 이득(SG)을 유지한 채로 무기력·우울, 불안 등으로 인한 극심한 신체·심리·정신 상태를 경험하면서도 '불편한 편안함'에 길들여지고 익숙해져 버린 나쁜 습관에 고착되어 간다.

그리고 이러한 익숙해진 느낌과 상태에 길들여진 몸이 마음이 된 상태(몸이 마음의 새로운 주인이 되어 버린 상태)에서는 삶에 변화를 원하고 새로운 미래를 꿈꾸더라도 몸은 갑작스러운 변화에 저항하면서 '심리장애와 정신장애를 동반한 채 고립된 은둔형 외톨이'로 살아가게 된다.

치료적 고찰로 이 친구는 할 게 많았으나 의식적 반응이 매우 강하고 까칠한 친구라서 어느 한순간도 방심할 수가 없었다. 시작부터 거부하고 있었다.

[유튜브] 사오TV, "나쁜 생각은 왜 멈추지 않는 걸까? | 뇌과학, 불안, 수험생", www.youtube.com/watch?v=jYTZVhAg4

- 중요 치유 내용 -

① 트랜스 상태에서 상처와 트라우마를 치료하고 저항을 줄여 가며 부정적 자아상을 변화시키고 새로운 긍정적 인지 개념을 형성하면서 고착된 습관을 변화시키기 위한 치유를 진행한다.
② 자기 조절 훈련을 통하여 미성숙 성격을 통제하고 조절해서 극단적 기질을 조절할 수 있는 능력을 향상하고 일상생활을 정상화하고 자율신경의 균형(balance)을 회복한다. (초기에는 약물치료와 병행한다.)
③ 부모 코칭을 통하여 부모-자녀 관계(S-R)의 새로운 패턴을 형성한다.

이 친구가 전반적으로 회복되고 외부 활동을 하게 되면서 습관·성격 바꾸기 '사회적응훈련'을 권고하였으나 진행되지는 못했다.

'자기가 한다'고 한다. 현실 속에서 세상을 스승으로 섬기고 지도를 받는 중이다. 필요할 때마다 전화로 코칭을 받거나 내방하기도 하며 인생을 살아가고 있다.

"사람은 변화하고 싶은 만큼 변하는 것이다."

3장

상담과 치유 그리고 멘토링

1. 인간의 삶, 성장과 치유의 과정

인간은 불완전하고 안정되지 않은 상태로 태어나 보다 안정되고 안전한 상태를 추구하며 성장하는 삶의 과정을 살아간다.

우리의 개별적인 '신체·성별·유전, 욕구·기질·성격, 심리·정신(마음과 몸)'의 특성으로 인해 '환경의 외부 자극이나 자신의 내부 자극'에 대하여 인식되고 경험되며 학습되는 과정의 차이가 발생하며 '인지-정서-행동-관계'의 반응 방식은 모두 다르게 반응하고 기능한다.

이러한 일련의 과정을 통해서 다양하게 처리된 정보가 반복적으로 무의식에 쌓이고 프로그래밍되면서 습관과 성격이 형성되고 개인으로서의 특성과 정체성을 갖게 된다.

모두가 경험하는 삶의 과정은 자기를 성장시키는 계단도 있지만 자기 파괴적인 계단도 있다. 같은 경험을 할지라도 건강한 신념(믿음)과 정서가 형성되기도 하지만 자기 파괴적이고 자기 제한적인 부정적 신념과 정서에 사로잡히기도 한다.

대다수 내담자의 심리적인 마음의 문제를 제외한 주호소문제는 성장의 과정에서 경험되고 형성된 '생각 기준'과 '자극-반응'의 Error로 발생한다.

특히 청소년의 경우 기질과 욕구로 인한 자극과 반응의 차이와 부적응으로 인해 다양한 관계에서 부정적 결과를 초래하는 경험을 하게 된다.

다양한 갈등과 스트레스를 이해하고 해소하는 과정에서 부적절한 생각의 기준(신념, 믿음, 패러다임, Filters)들이 형성되기도 하며, 경험된 상처는 마음밭에 우울과 불안의 씨앗으로 뿌려지게 된다.

이러한 문제를 해결하기 위하여 성격적으로 미성숙한 상태에서 극단적인 기질과 욕구를 조절하지 못하고 비행, 폭력, 알코올, 약물 등의 부적응 보상행동을 하기도 하며 편집적이고 강박적인 문제를 보이기도 한다.

그리고 무능감(열등감)과 의존감(분리불안) 속에서 피해의식과 자기연민에 길들여져 집 안이나 특정한 공간에 머물며 사회적 활동이나 관계를 회피한 채 은둔형의 모습으로 머물기도 하며 심각한 좌절과 회피 속에서 자해, 자살 등의 자기 파괴적인 행동을 하기도 한다.

청소년·청년기에 이러한 극단적이고 미숙한 기질과 욕구로 인하여 발생하는 제한적 신념과 부정적 정서의 연결고리를 차단하여 성숙한 기질과 건강한 욕구가 형성될 수 있도록 이끌어 주고 사고능력이 향상되도록 돕는다면 이들은 스스로 다양한 경험과 학습을 통하여 유능감과 독립감(자율성)을 형성하고 건강한 자아와 정체성을 형성하게 될 것이다.

상담소를 찾아오는 대다수 부모가 슬픈 눈으로 자기 잘못이라 말하지만, 부모는 단지 안전한 의식주와 성장의 시간과 기회를 제공하며 자녀가 스스로 성장할 수 있도록 기다려 주는 역할을 할 뿐이다. 아이의 성장 과정에 주관적으로 개입해서도 안 되고 방치해서도 안 된다.

알면서도, 답답하면서도, 걱정되면서도, 아이가 스스로 세상을 이해하고 경험하며 자신의 가치와 정체성을 형성할 수 있도록 기다려 주면서 위기 순간이라 판단되면 문제 해소에 도움을 줄 수 있는 적절한 상담과 멘토를 연결해 주는 것이 부모의 역할이다. 이것이 자녀의 성장에 중요한 부모와 보호자의 역할이다.

세상에는 똑똑하고 잘난 상담사, 멘토가 너무 많다. 중요한 것은 그들이 가진 것이 아니라 실제적 능력이다.
아이에게 필요한 부분을 Healing[90]하거나 Therapy[91]할 수 있는 성숙한 멘토여야 한다.

성인 상담과 다르게 청소년·청년 상담의 특성은 아이들이 성장 과정에 있다는 것이다. 자신을 포함한 다양한 환경적 요인들과 끊임없이 소통하면서 다양한 위기 경험을 하게 되기 때문에 학교, 또래 관계, 진로, 사회 등의 다양한 환경 속에서 아이들의 변화에 맞추어 변화되어 동행하면서 함께 움직일 수 있는 삼촌 같은 리더 역할이 필요한 것이다. 위기의 순간에는 24시간 언제나 준비된 후견인이 필요한 것이다.

---

90. [용어 정리] Healing : 기분전환, 심리상담 및 코칭
91. [용어 정리] Therapy : 심리(인식·기억·표현) 치유, 마음(의식·무의식) 치유

친구들은 앉아서 상담한다고 변화되진 않는다. 자신을 포함한 외부 환경을 조절하고 통제할 수 있는 유연한 능력이 형성되어야 하지만 이러한 능력은 이론이 아니라 현실 속 경험이나 대리 경험을 통해서 얻어지는 것이다.

수개월 이상의 긴 기간 동안 상담을 보낸 많은 부모가 "아이가 좋아지는 것 같아요."라고 말한다. 물론 좋아진다. 기분이 좋아진다. 기분이 Healing되는 것이다. 그렇다고 해서, 아이들이 기분이 좋아졌다고 해서, 주호소문제가 해결되었다고 판단하는 것은 오류이다. 머릿속이 가벼워지고 편해졌다고 제한적 신념, 부정의 인식과 믿음, 패러다임, 부정감 등이 치유되고 건강한 자아가 형성되고 성숙한 성격이 되었다고 판단하기에는 너무 먼 얘기이다.

필자는 초기 상담(2~3시간)에서 머리가 가벼워지고 문제가 해결되었다고 상담을 멈추는 내담자를 많이 보았다. 아무리 '자신의 문제를 이해하는 것이 치유를 위한 시작'이라 말해도 듣지 않는 분들이 많았다. '자신이 자신의 무의식을 치유하기 어렵다'고 조언해도 소용없었다. 그러다가 시간이 지난 후에 심리문제가 심리·정신장애로 진행되면서 치유를 위해서 찾아오는 사람들을 많이 보았다.

인생에서의 중요한 시간이 낭비되어 버리는 것이다. 기분이 좋아지는 것은 치유의 시작이지 끝이 아니다.

심리와 마음과 몸의 항상성

우리는 혼란과 좌절 속에서 무너지고 있을 때 기분 나쁜 기억, 도움이 되지 않는 기억, 이차적 이득이 되는 기억을 한다. 그래서 자꾸 그것을 반복하고 고착되어 습관과 정체성이 되어 버리고 그러한 과정에서 심리장애와 정신(몸-마음)장애, 마음장애가 유발된다. 그리고 결핍된 '부적응 보상 기억'[92]은 지속해서 문제행동을 하게 하며, 부정적 자아상은 보상·회피 행동으로 문제행동을 유발한다.

우리가 성장 과정에서 발생하는 몸과 마음의 부적응과 오류(Error), 문제행동에 대하여 조절과 회복을 위한 항상성을 높이는 방법은 없을까?

청소년기-청년기 성장 과정에서 유연하게 성숙한 인간으로 성장할 수 있도록 '자율적으로 항상성이 조절되고 회복되는 기능'을 향상할 방법은 무엇인가?

약을 사용하면 또 다른 굴레에 빠질 수 있기에 가급적 약물을 사용하

---

[92] 〈참고〉 [유튜브] 안될과학 Unrealscience, "마약, 알코올이 뇌를 망가뜨리는 원리? 치료법 연구는 어디까지 왔을까?! (한국한의학연구원 서수연 박사)", www.youtube.com/watch?v=g-jLZGRVuKkI
"이 연구가 어떤 연구냐면, 술을 좋아하는 피험자들을 모집합니다. 모아 놓고서는 술 사진을 한 100장을 보여 줘요! 그럼 술이 너무 먹고 싶겠죠. 그래서 마지막 슬라이드가 딱 지나가고 나면 시원한 맥주 한 잔을 줍니다. (피험자들은 이렇게 학습이 되어 있어요.)
→ 어느 날은 이 사진들을 보여 준 뒤에 맥주를 주지 않아 버리는 거예요. 그러면 그때 바로 부적응 보상 기억이 형성됩니다. (부적응 보상 기억)
→ 맥주를 받아야 할 타이밍인데 안 줬어. 그러면 그다음에 맥주를 마실 기회가 있을 때 폭음하게 되거든요. (나중에 폭음을 유도하는 부적응 보상 기억)
부적응 보상 기억이라는 게 그런 유도를 해요."

지 않고 심리와 마음과 몸의 항상성을 높여 우리의 몸-심리-마음 기능(function)이 건강하게 작동되도록 활성화할 방법은 뭐가 있을까?

몸이 마음이 된 상태로 정상 기능을 회복하지 못하는 '심리와 마음에 대한 회복'을 위하여 심리·마음 치유를 진행하고, 몸과 마음에 연합된 습관과 정체성을 바꾸기 위해 '뇌와 몸의 항상성을 활성화하는 뇌 운동과 심신을 안정시키는 조절 훈련' Self Training을 진행하여 마음과 행동의 메커니즘이 정렬되고 일관되는 상태로 회복하는 것이다.

2. 구분하자, 상담과 치료

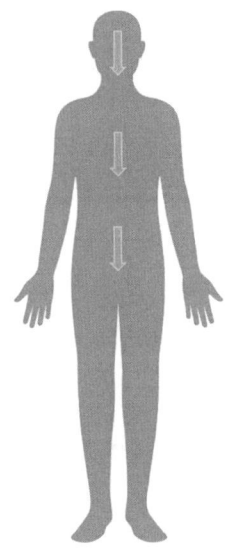

필자는 '환경-양육-학습-경험' 과정에서 발생하는 심리 문제, 마음 문제 등을 '증상 접근-처리 위계'[93]에 따라 구분하여 통합적으로 진행하기 위하여 사고(think)하는 의식적 부분의 상담을 거치면서, 마음(Mind)으로 표현되는 의식과 무의식의 균형 회복을 위한 치유 과정을 진행한다.

집중과 몰입으로 의식에서 시작되어 트랜스 상태로 넘어가면서 무의식으로 천천히 스며드는 힐링(Healing)과 치유(Therapy)를 함께 진행한다.

즉 공통된 관심과 흥미로 집중과 신뢰가 쌓이고 라포가 형성되는 심리상담을 거치면서 트랜스 상태를 활용하여 의식적·무의식적 상태에 긍정적인 영향을 미치는 마음치유(심리치유) 과정을 진행한다.

의식에서 무의식으로 내려가는 트랜스 상태에서 자기 내면을 바라보고 이해하고 통찰하며 또 다른 자기와 만나 통합되어 하나가 되고, 나를 정리하고 정화하면서 마음과 몸을 치유하는 변화의 메커니즘인 것이다.

---

93. [증상 접근-처리 위계] 정신성(영적인, Spiritual) 차원 ~ 의식·무의식·몸, 습관·정체성, 욕구·자아상, Human E Balance, 정열·일관성 ~ 유전성(전생/혈통) 차원(LJK)

트랜스 치유 Trance Therapy

자신과 자신의 몸·마음·영성이 라포(Rapport, 친밀한 유대관계)가 깨진 상태로 몸이 나와 따로 놀고, 마음이 소화가 안 되고, 제3의 인격체로 안 맞는 문제에 대하여 라포가 어떻게 깨져 있는지 볼 수 있는 트랜스 상태에서 깨진 라포를 회복시키는 치유의 과정으로 NLP기법, 최면기법, 시간선치료™ 기법 등을 활용하여 의식과 무의식의 균형과 조화를 회복하고 무의식의 오류(Error)를 수정하며 기억된 사건과 감정을 변화시켜 심리(마음)의 문제와 장애를 치유하여 내담자가 안전하게 정상 기능을 회복하고 잠재력을 활용할 수 있도록 돕는 치유기법이다.[94]

트랜스 상태 Trance State

잠과 깨어 있는 중간 상태에 해당하는 반(半)의식 상태를 의미한다. 재밌는 영화를 볼 때 과몰입 상태가 되어 주변의 호출이나 자극이 인식될지라도 반응을 할 수 있지만 하고 싶지 않은 상태, 혹은 할 수 없는 상태이며, 편안하고 이완된 고도의 집중된 상태이다. (의식과 무의식의 공존 상태)

명상, 호흡, 기도, 종교의식, 운동, 요가 등과 같은 활동을 통해서 유발될 수 있으며 깜짝 놀라거나 당황하거나 혼란된 정신 상태에서도 트랜스 상태에 들어가게 될 수 있다.

또한 일상적인 대화 상태에서도 서로에게 집중하는 트랜스가 형성될 수 있고, 이러한 얕은 상태에서도 무의식에 대한 접근으로 치료적 과정을 진행할 수 있다.

---

94. ⟨참고⟩ 최면프랙티셔너, 설기문마음연구소, 2016

트랜스 상태(Trance State)에서는 마치 어린아이(Trance Baby)처럼 오감으로 인식되는 자극에 대해 "비판적 사고가 유보되어 자아 수용성이 증가하는 상태"[95]로 편안하게 받아들이게 되면서 자연스럽게 의식과 무의식 그리고 몸에 영향을 미치게 된다.

예1) '다리가 뻣뻣하게 굳으면 좋은 거예요. 네 좋아요. 점점 굳어지는 거예요!'라는 청각적 언어가 인식되면 의식은 수용적 인식으로 받아들이고 다리가 굳어지는 반응을 보인다.

예2) 교통사고 트라우마 장면에서 '에이, 뭐야! 세발자전거네, 세발자전거가 부딪쳤네!'라고 청각적 언어 즉 암시어가 인식되면, 피체험자는 자동차를 바라보면서 세발자전거로 인식하고 웃게 된다.

> 트랜스 상태에서는 (의식적 마음과 무의식적 마음이 공존하는 상태이기 때문에) 의식적 사고나 행동을 할 수도 있다. 그러나 일반적으로는 비판적 사고가 유보되고 자아 수용성이 증가하기 때문에 Trance Baby(어린아이) 상태를 유지한다.

트랜스 모드 Trance Mode

트랜스 모드를 비유로 들어 이해해 보자!

우리는 컴퓨터가 바이러스에 감염되거나 오작동할 때, 안전모드(Safe Mode)로 접속하여 프로그램을 다시 설치하거나 바이러스를 제거하는 작업을 통하여 컴퓨터가 정상적으로 작동하도록 할 수 있다.

---

95. 〈참고〉 이정식,《최면치료, 이렇게 한다》, 학지사, 2019

우리도 이완·집중·놀람 등의 다양한 방식으로 인식되지 않는 무의식 부분을 인식할 수 있는 표면에 떠오르도록 할 수 있다. (트랜스 상태)

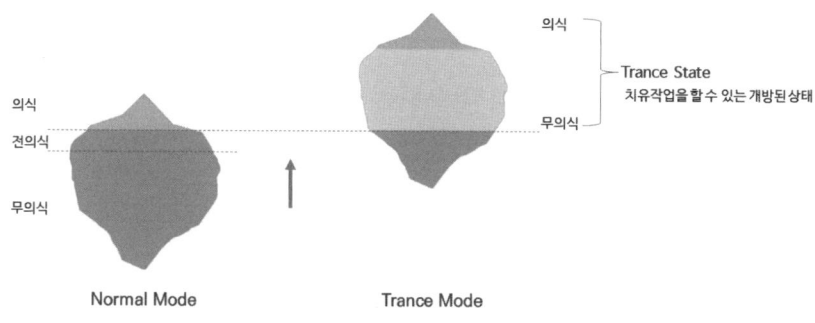

일반 모드 vs 트랜스 모드

트랜스 상태(Trance State)에서는 의식적·무의식적 치유작업을 할 수 있는 개방된 상태가 된다. 즉, 컴퓨터의 안전모드 상태로 전환되는 것이다. (Safe Mode = Trance Mode)

치유적 관점에서 보면 트랜스 모드(Trance Mode)는 인간의 전체 의식에 접근하여 의식과 무의식을 조절(Balance, Mind Therapy)하기 용이한 상태이고 무의식의 정보에 접근·처리·변경할 수 있는 상태가 되며 몸은 이러한 작용에 영향을 받는다.

일반적으로 최면상태를 트랜스 상태라 한다. 그러나 치유적 관점에서의 트랜스 상태는 내담자의 치유와 계발을 목적으로 하는 과정이며 다양한 방법으로 트랜스를 유도하고 치유에 활용할 수 있다는 점에서 최면과 구분되는 점이 있다.

같은 트랜스 상태를 활용하지만, 최면 쇼(Show)를 위한 트랜스와 치유(Therapy)를 위한 트랜스 활용은 구별할 필요가 있다.

"도구가 중요한 것이 아니라,
도구를 쓰는 사람과 활용하는 방식이 중요한 것이다."

구분하자 '심리상담 vs 심리(마음)치유'

상담 현장에서 자주 보게 되는 현상으로 부모들이나 관련 기관에서 아이들의 문제에 도움을 주고자 상담사·멘토를 연결할 때 의식적 영역의 심리상담과 무의식적 영역 중심의 마음치료(심리치료)를 구분하지 못해서 친구들의 소중한 시간과 기회가 낭비되는 경우를 많이 보게 된다.

쉽게 말해 증상이나 문제행동이 기질에서 오는 것인지, 상처와 트라우마인지, 나쁜 중독에서 생기는 것인지, 환경에 대한 부적응인지, 부정적 자아상의 문제인지, 심리와 마음의 오작동인지, 몸이 마음이 된 상태인지, 자율신경 균형의 문제인지 등과 관련된 구분을 하지 못하고 무조건 공감과 수용으로 기분전환을 하며 심리문제를 심리장애가 되도록 방치하는 상황이 벌어지고 있는 것이다.

물론 아이들의 문제가 기질적, 신체적, 심리적, 환경적 요인으로 구분되어 치유되어야 하지만 다양한 요인을 전체적으로 이해하고 구분하여 다차원적인 친구들의 특성에 맞게 개입할 수 있는 상담사·멘토를 찾기 위해서 먼저 심리적으로 기분전환 상담에서 멈추면 되는지 아니면 무의식적 접근까지 진행해야 하는지를 구분해야 한다.

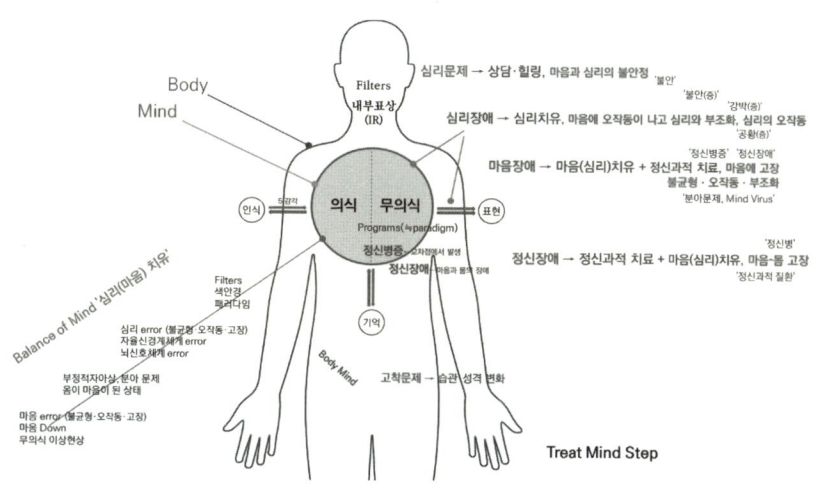

심리와 마음의 장애에 따른 상담과 치유 구분[96]

[참고] 심리적·정신과적 장애 발생 과정

신체적 특징과 기질적인 반응·욕구를 기반으로 자기와 환경에 대한 자극과 반응의 부적응 과정에서

기질 : T·E·B 과부하로 인한 TEB 균형이 깨져[97] → (무기력·우울·불안) → 부적응 Self(습관)

신체 : 자율신경실조 상태 유발 → (무기력·우울·불안) → 부적응 증상과 장애 발생[98]

심리 : 부정적 자아상 형성 (by 색안경, 필터·패러다임) → (무기력·우울·불안) → 부적응 문제행동과 장애 발생

환경 : 생활 방식(Life Pattern) 균형 깨짐 → (무기력·우울·불안) → 부적응 Life (습관)

---

96. 〈참고〉《마음이론》·〈심리포럼〉, NLP, 변화심리학, 신경과학
97. Human Energy Balance (Think/Emotion/Behavior) Overload, off-balance
98. 〈참고〉[유튜브] 오상신경외과, "자율신경실조증과 정신과 증상이 별개의 문제가 아닌 이유", www.youtube.com/watch?v=ONBR8QPmtgs

청소년·청년 발달 수준 구분과 특징 '부적응 문제행동 위계별 구분과 특징'

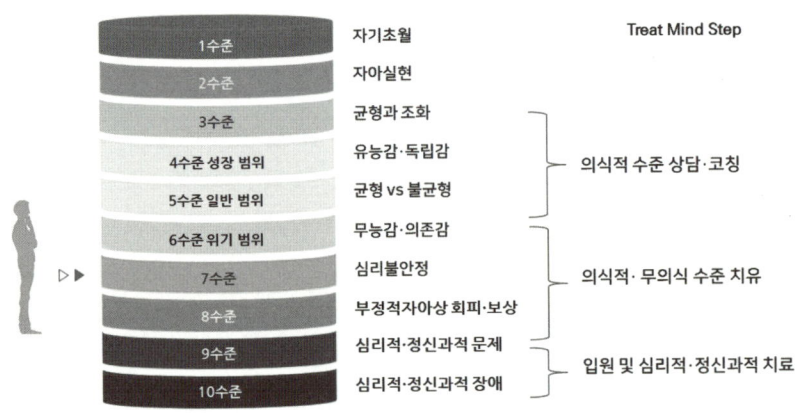

부적응 문제행동 위계 Ⅰ

1수준 : 자기초월
- 자유, 해탈·관조, 자연을 수용하고 동일시

2수준 : 자아실현
- 자기존중, 잠재력 및 가능성 발휘, 가치와 목표 실현

3수준 : 균형과 조화
- 몸과 마음의 안정, 가치와 의미 추구
- '신체, 기질·욕구, 심리·마음, 사회·환경' 4요인별 균형을 유지하고 요인 간 조화롭게 기능하면서 자신과 세상에 대해 균형과 조화로운 성숙한 모습을 보인다.

4수준 : 성장 범위 '유능감·독립감'
- 성장기 과제인 유능감과 독립감을 달성하면서 건강한 자아상을 형성한다.
- 세상을 보는 관점과 자신이 사회에 적응하는 과정에 유연한 모습을 보인다. (자율신경 항상성이 유지되고 몸과 마음이 안정되며 인지기능이 회복한다.)

5수준 : 일반 범위 '균형(Blance) vs 불균형(Imbalance)'
- 보편적인 유형의 모습으로 다양한 경험과 학습의 과정에서 '신체, 기질·욕구, 심리·마음, 사회·환경' 4요인 측면에서 균형을 유지하고 향상(upgrade)하거나 심각한 불균형 상태에서 퇴보(downgrade)하면서 성장하는 방향으로 나아간다.

6수준 : 위기 범위 '무능감·의존감'
- 청소년·청년기의 발달과업인 유능감과 자율성(독립감)을 달성하지 못하고 긍정적 자아상을 형성하지 못한 채 '학교-관계-직장-사회'에 부적응 문제행동을 하게 된다. (잘못된 생각의 기준이 형성되고 심각한 상처를 경험하면서 왜곡된 자아가 형성되기 시작한다.)
- 부적응 문제행동 4요인의 균형과 조화의 기능이 깨지면서 조절되지 못하고 충분히 성숙하지 못한 상태로 부적응과 혼란을 경험하며 무기력·우울, 불안 등의 심리적 문제가 발생하기 시작한다.
- 성격적 기질 차이로 또래 관계의 부조화가 생기면서 관계 부적응과 학습 부진으로 이어지고 학교에 대한 흥미와 학업에 대한 동기가 감소하여 잦은 지각과 조퇴·결석을 보인다.

- 기질(생물학적, 성격적)이 미성숙한 상태로 사고·정서·행동적 반응을 조절하지 못하고 기질에 집착해서 경직된 자동적 반응을 보인다.
- 게임·SNS 등에 과몰입하고 생활 패턴이 망가지게 되면서 부정적 패턴의 습관과 성격이 형성되기 시작한다.

- 제한적 신념, 부정적 믿음과 인식, 패러다임(습관, 관념, 기준) 문제 발생
- '일상생활 부적응과 심리-사회적 기능 저하' 이상행동[99] 발생

7수준 : 심리불안정
- 생활 방식이 망가지면서 자율신경실조 상태를 보이며 심리(마음)문제가 동반되기도 한다.
- 몸과 마음의 균형과 조화가 깨진 상태로 힘들어서 못 견디고 스트레스와 불편감에 대해 무기력·우울과 불안 등의 심리문제를 경험하며 자퇴, 자해 및 자살 시도, 학교 이탈, 가출, 품행 및 비행 문제를 보인다.

- Human E Balace 소진
- 부정 패턴의 습관과 성격 악화, 자아상과 정체성 문제 발생
- '개인이 경험하는 주관적인 불편감과 고통' 이상행동 발생
- '사회적, 문화적 규범으로부터의 일탈' 이상행동 시작
- 신경증 문제 '신체화, 불안, 불안관련장애, 우울' 시사

---

99. [용어 정리] 이상행동(Abnormal Behavior) : 사회적 규준을 벗어나는 부적응 행동과 심리-사회적 부적응을 초래하는 인지, 정서, 관계, 신체 및 생리적 특성 등을 포함하는 광의의 개념

8수준 : 부정적 자아상 회피·보상
- 발달과업을 달성하지 못하고 지속적인 혼란과 갈등을 경험하고 욕구(Desire)에 대한 목마름 속에서 균형이 깨진 부적응 문제행동 4요인으로부터 전반적으로 영향을 받아 심리적·정신과적 문제가 나타나기 시작하고 성격장애 성향이 형성되기도 한다.
- 사회적으로 고립된 상태로 머물기도 한다.
- 자기 보호를 위한 부적응 문제행동(회피·보상)을 하며 반사회적인 행동을 하기도 한다.

- 부정감 중독(감정적중독), 부정 고착감(애착) 발생
- '의식-무의식-몸' 차원에서 문제 발생
- 고착(Attached Condition)의 자신이 되어 버린 습관 문제 발생
- 행동 측면에서 '알코올, 약물 문제 발생'
- 성격 측면에서 '반사회적·공격성, 성격장애' 문제가 시사
- 신경증 문제 '신체화, 불안, 불안관련장애, 우울' 악화

9수준 : 심리적·정신과적 문제
- 우울 및 불안과 연결되는 심리적·정신과적 문제가 악화하면서 심각한 대인 갈등과 내적 갈등을 보이고 극도의 불안에 의한 강박적 충동적 사고와 행동을 보이게 된다.
- 다양한 요인들의 불균형(Imbalance)에서 오는 보상적이고 회피적인 이득(SG)을 누리면서 학교와 관계, 사회로부터 부조화(Disharmony)된 상태로 고립되고 '은둔형 외톨이'로 진행된다.

- 정신병 문제 '조증, 망상, 정신분열' 시사

10수준 : 심리적·정신과적 장애
- 심리적·정신과적 장애가 악화하면서 자기파괴/타인파괴, 정신병증, 정신장애가 발생한다.

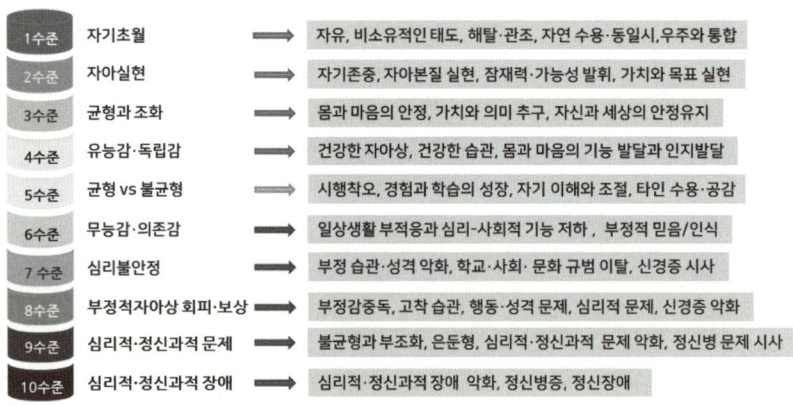

부적응 문제행동 위계 II

구분하자 '최면 쇼 vs 트랜스 상담·치유'

요즘은 철학관에서도 전생 최면을 한다고 한다. 인간중심주의와 실존주의 견해를 보이는 필자로서는 전생이 있는지 없는지는 모른다. 심리치료 과정에서 치료기법 중 하나로 '전생 최면'이란 이름으로 전생을 가정하면서 퇴행(regression)하여 무의식을 탐색하고 문제를 해결하는 방법으로 제한된 범위 내에서 사용하기도 한다.

〈사례 조각 5. 우울증 전생최면〉

우울증으로 힘들다는 40대 불교인이 방문하였으며 전생 최면을 요청하였다. 치료적 관점에서 '전생 최면' 퇴행을 설명하였고, 내담자의 동의로 3시간의 전생 최면을 진행하여 무의식 속의 상처와 한을 처치하여 주 호소문제가 해결되었다. 그리고 일주일 후에 내담자의 요청으로 트라우마를 경험한 자녀에게 전생 최면이란 호기심 선물을 통하여 트라우마를 치유한 사례도 있다.

무의식의 치료 과정에 대한 다양한 전문적 지식과 경험을 갖추고 치료적 관점에서 마음의 시간 여행을 하는 것과 '쇼, 이벤트, 관심, 보여 주기'를 위해 무의식을 탐색하는 것은 전혀 다르고 매우 위험한 행동이다.

현실에서 많은 사람을 대상으로 하는 집단최면 시연 진행을 참가하다 보면 극히 소수이지만 무의식의 상처, 트라우마 등 숨겨졌던 문제가 갑자기 드러나 혼절하거나 무의식이 의식으로 가동되는 정신병증이 나타나는 경우도 보게 된다.

이처럼 트랜스 상태를 활용한다는 것은 제한적이고 안전한 상태에서 잠재의식(무의식)의 능력을 활용하여 자신의 문제를 해결하고 성숙하기 위한 과정으로 사용돼야 한다.

우리의 마음은 소중한 것이다. 소중한 것은 소중하게 다루어야 한다.

필자는 자신이 되어 버린 부정적 습관을 바꾸고 몸을 새로운 마음(의식·무의식의 마음이 조화로운 상태)에 길들이기 위해 안전하게 트랜스 상태를 활용하는 'Self Training'을 병행하여 진행하고 있다.

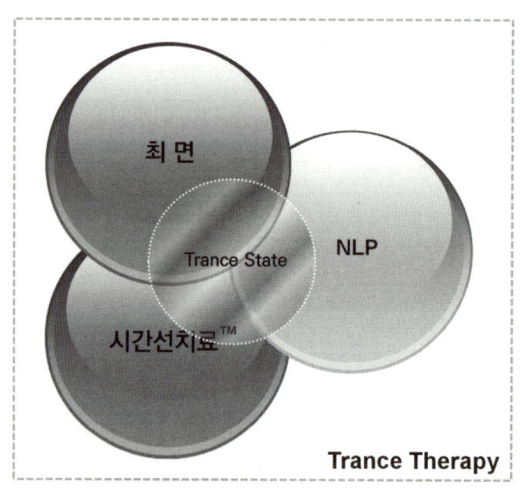

[참고] 트랜스를 활용한 생활 방식 변화
Self Training Check List를 활용한 일상생활 지도로 생활 방식을 안정시키고 메타인지를 발달시켜 자신을 조절하고 관리하는 인지적 성숙을 개선시킨다.

[참고] 트랜스를 활용한 마음 변화 사례
〈사례 2. 강아지 공포증〉을 치료하는 과정에서, 내담자를 구속하는 마음에 형성된 제한적 신념과 부정적 정서를 일으키는 부정적 경험에 대하여 새로운 경험과 학습을 통하여 기억이 업데이트되면서 강아지를 좋아하는 마음으로 바뀌게 된 것이다.

> **[참고] 트랜스 상담을 활용한 생각 변화 사례**
>
> 〈사례 10. 같은 증상 다른 원인, A·B〉의 A의 초기 상담에서, 의식적 트랜스 상태를 활용하여 '학교 안 간다'를 '학교 간다'로 변화시켰다. 이는 상담 과정에서 NLP 메타·밀턴 화법을 사용하면서 트랜스 상태로 함께 몰입된 채로 내담자의 기억된 사건과 그로 인한 패러다임(사고기준)에 대해, 기억(경험-학습)에 추가적인 정보를 합치면서 새로운 기억과 패러다임이 형성되어 적응적 행동을 하게 된 사례이다.
>
> 예) '실패는 싫어, 아무것도 하지 않을 거야!'에서 '실패는 좋은 거네, 성장하니깐'으로 사고의 전환

NLP&최면적 심리치유

심리학에서 말할 때 조건형성[100]을 하는 것이고 자극과 반응의 결합이다. 신경과학으로 하면 새로운 뇌 신경회로가 형성되는 것이다.

습관이라는 것은 생각이 필요 없는 무의식적 반응이다. 뇌 회로가 그렇게 단단하게 자리를 잡은 것이다. 즉 프로그램이 단단하게 돼 있는 것이다.

습관 바꾸기가 어려운 것은 아니다. 학습이란 새롭게 뇌 회로를 형성하는 프로그래밍 과정으로 필자가 사용하는 '트랜스 상태를 활용한 NLP&최면적치료[101]'도 마찬가지다.

---

100. 〈참고〉 파블로프의 개 실험 : 개의 종소리 실험, 개가 종소리 들으면 침을 흘린다.
101. 〈참고〉 Certified Master Practitioner of Neuro-Linguistic Programming, Dr Seol's Mind Institute, 2017

습관이 형성되는 새로운 학습(프로그래밍) 경로는 다양하다.

일회적 학습(One Trial Learning)으로 뇌 회로를 형성하는 프로그래밍 과정이 진행될 수도 있고 반복적인 반복 연습(Repeated Practice)으로 굳어지기도 한다.

그리고 통찰(Insight)을 통해 어느 한순간에 생길 수 있다. 프로그래밍 되는 것이다.

예1) '자라 보고 놀란 가슴 솥뚜껑 보고 놀란다'는 속담은 단 한 번만 물려도 평생 강아지 공포증이 생긴다는 의미
예2) 공부를 하고 단어를 외울 때 책을 보고 읽고 쓰고 반복하면서 하던 학습 경험

심리치유는 '상담·코칭·NLP&최면·트랜스상태'를 활용하여 마음에 새겨진 부정적인 마음·행동·사고를 긍정적이고 원하는 방향으로 재프로그래밍(reProgramming)하는 기법으로 우리에게 프로그래밍된 부정적 정서, 제한적 신념, 패러다임, 여과장치(Filters), 내부표상(IR), 부정적 자아상, 습관, 성격 등을 건강하게 개선하는 과정이며 상처·트라우마, 인식·기억·표현 심리의 장애와 의식적·무의식적 마음의 장애를 치유하는 데 효과적이다.

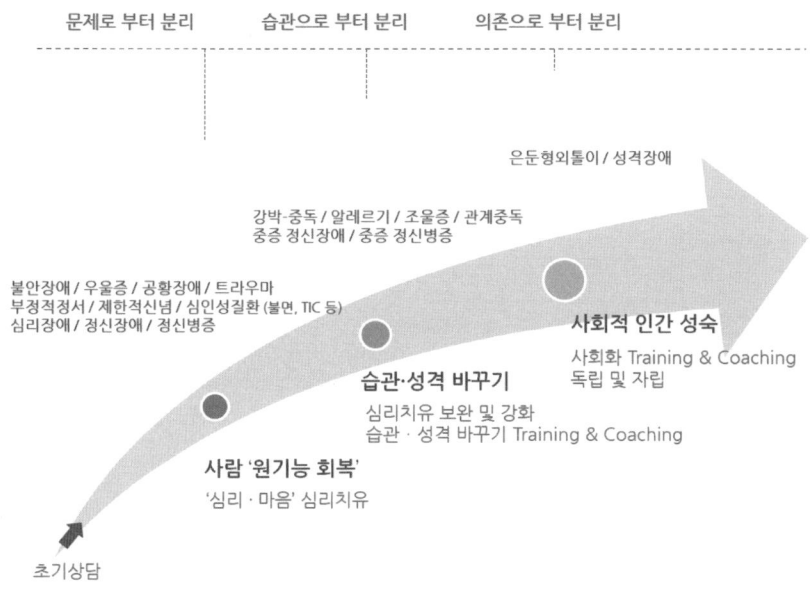

심리장애 유형에 따른 심리치유 과정

- 심리치유 내용 -

① 생각의 기준 정리/재설정 : 패러다임(관념, 고착생각기준) 변화, 메타인지, 심적시연(멘탈리허설)
② 마음·심리 치유 : 상처치유, 심리치유, 마음치유, 습관치유
③ 습관·성격 변화 : 코칭&트레이닝, 고착상태(Attached Condition) 처치

"문제는 당신이 아니다.
습관적으로 작동한 몸과 마음, 몸이
잠재의식적 마음이 되어 버린,
우리 자신이 되어 버린 습관이다."

3. 성장하는 아이들을 위해서

청소년·청년기에는

① 사고(Think)하는 머리에 해당하는 의식적 부분 위주의 기분전환 Healing과 마음으로 표현되는 무의식의 치유 Therapy를 다룰 수 있는, 이 두 부분이 함께 가능한 'Healing + Therapy' 마음치유 전문가이고

② 임상적으로 청소년을 중심으로 발생하는 가정, 학교, 사회적 측면에 적극적으로 개입할 수 있는 사회복지 성격의 상담·멘토이며

③ 일상의 습관을 조절하고 훈련해 건강한 성격을 형성할수록 지도할 수 있는 훈련이 가능한 코치가 필요하다. (Healing·Therapy & Mentor & Coaching)

우리는 유명한 한의원을 찾아 시골로 찾아다니고 유명한 의사를 찾아서 다른 도시를 찾아다녀 본 경험이 있지 않은가? 부모님이 할 수 있는 가장 좋은 것은 '상담사·멘토·코치'를 찾아 연결해 주는 것이다. 그리고 그와 함께 가는 것이다.

청소년·청년기 친구들의 난해하고 감당할 수 없는 부적응과 마음의 문제를 해결하기 위해 3명이(아이-상담사·멘토·코치-부모) 한 팀이 되어 함께 가는 것이다. 아이가 스스로 걸을 수 있을 때까지 잠시 동행하는 것이다.

일반적으로 보호자들은 아이를 위한 상담소를 찾는 게 아니라 가까운 상담소, 상업형 상담소를 찾아간다. 그래서 실패한다.

필요한 친구에게 필요한 사람이 연결되어야 한다.

부모는 아이의 문제를 바르게 구분하고 방향을 잡고 아이에게 몰입하고 집중할 수 있는 임상 경험이 풍부한 'Healing·Therapy & Mentor & Coaching' 전문가를 찾아 연결해 줘야 하는 것이다.

성인 상담과 청소년·청년 상담은 매우 다르다. 상담 자체가 보이지 않는 전쟁인 경우가 대부분이다. 특히 저항하거나 문제행동을 하는 친구일 경우에는 상담은 은밀한 전쟁이고 상담사는 전사가 되어야 한다. 그것도 다양한 아이의 모습에 맞게 몰입과 열정으로 다양하게 반응할 수 있고 다양한 무기를 다룰 수 있는 전사가 되어야 한다.

대다수 청소년-청년의 경우 스스로 '살려 달라!'라고 매달리는 경우는 거의 없다. 그들이 저항하는 이유는 '힘들어 지키려고, 편해서 지키려고, 습관이 되어서 유지하려고, 고집을 피우려고, 태어난 대로 살려고, 잔머리 굴려서 지배·통제하려는 것'이다.

참으로 다양한 이유로 아이들의 상담은 힘들고 고된 과정이다. 가시·바위 같은 그들의 마음속에 새로운 싹을 심고 불꽃을 다시 피운다는 것은 단순히 앉아서 기분전환을 하는 것과는 전혀 다른 것이다.

사람은 변화하고 싶은 만큼 변하는 것이다. 그래서 누구도 억지로 할 수는 없다. 무의식을 다룬다고 해도 무조건 억지로 다룰 수는 없는 일이다. 공감·수용하고 기다리면서 변화를 위한 순간의 기회를 잡고 '훅' 들어갈 수 있는 전문가가 필요한 것이다.

이 글을 쓰고 있지만 참 힘들고 에너지가 소진되는 과정이다. 그들을 치유하는 것, 변화시키는 것, 그것은 생각만큼 쉬운 과정이 아니다. 오랫동안 거리에서 아이들과 함께하고 그들을 건강하게 가정과 사회로 이끄는 역할을 하는 과정에서, 심리상담과 심리치유를 진행하는 과정에서, 언제나 힘들고 어려운 과정이었다.

그것이 사회복지든 심리상담이든 심리치료든 관계없이, 성장하는 친구들을 돕기 위해서는 지식보다는 지혜와 인생의 경륜이 더 중요하게 작용하는 순간도 많이 있다. 멘토가 경험한 삶의 과정과 성장 경험이 아이들의 성장을 끌어올리는 중요한 모델링이 될 수도 있기 때문이다. 지식이나 기술은 얼마든지 학습될 수 있다. 그러나 아이들과 함께하고 경험하면서 습득된 전문가의 경험은 매우 중요하고 가치 있는 무기다.

그래서 우리는 준비된 상담사·멘토를 찾아 연결해 줘야 하는 것이다.

필자는 인생의 최고 스승은 세상이라는 것을 알고 있다. 삶 속에서 언젠가 아이들은 스스로 회복되고 치유될 것이라고 믿고 있다.

그들이 경험하는 성장 과정 속에서 인생의 소중한 시간이 낭비되지 않도록 지켜 주고자 돕고 있는 것이다.

[참고] LJK 부적응 문제행동 치유 과정

부적응 문제행동 치유 3단계

1. 초기 상담
① 주호소문제 이해 ② 기질·성격·욕구 검사 ③ 면접-관찰
④ 증상이해·원인분석 ⑤ 신체적 요인·성격적 경향 검사
⑥ 다차원유기체 분석 및 평가 ⑦ 치유 Map 제안 및 코칭

2. 심리상담/심리치유
- 심리상담 : 생물심리사회모델·《마음이론》·욕구이론·변화심리학·신경과학·NLP 모델 중심/의식적 이해와 통찰, 사고와 행동의 개선, 심리문제 해소와 힐링
- 심리치유 : 의식·무의식적 접근/자율신경계 안정(기능 회복), TEB 안정, 자기 조절 능력 향상(Balance 향상), STCL/트랜스 치유(Trance Therapy) 중심으로 '심리장애, 마음장애, 신경증 및 정신증' 치유

3. 상담 후견인/습관·성격 바꾸기

상담 후견인

청소년·청년기 '신체, 기질·욕구, 심리·마음 사회·환경'적 측면에서 부적응한 문제행동을 하는 아이들은 심리치유를 통해서 균형(Balace)을 회복하고 안정상태에 들게 된다. 그러나 이러한 변화가 건강한 습관으로 형성되고 성격이 되기 위해서는 보다 많은 시간과 노력이 들어가게 된다.

아이들은 전반적으로 신체적, 기질적, 인지·정서·행동 측면에서 미숙하지만 경험과 학습의 과정을 통해서 성장해 나간다.

청소년·청년 상담은 일반적인 상담과 매우 다르다. 이 시기는 미성숙한 아이들이 지속적으로 환경과 반응하면서 성장하는 유기체적 시기이기 때문에 작은 자극과 변화에도 영향을 받아 불안정한 상태에 머물게 될 수도 있다.

청소년기 혼란과 위기의 시기에 코치가 될 수 있는 후견인과 함께할 수 있다면 다양한 위기 경험과 좌절로부터 발생되는 사고(인지)의 오류, 감정적 함정, 행동적 시행착오로부터 자신을 지키고 건강하게 회복하는 데 필요한 시간과 기회를 아낄 수 있게 된다. 또한 일상생활에 대한 지도를 받으며 건강한 생활 습관과 자기조절 능력을 향상할 수 있도록 도움을 받을 수 있다.

건강한 균형(Balance)을 바탕으로 한 조화(Harmony)의 관점에서 아이들이 자신과 주변을 이해하고 소통·조절하면서 건강한 습관과 자아상을 형성할 수 있게 된다.

지금까지 필자는 마음이 가는 친구들의 일상 태도와 습관을 관찰하고 사고의 오류를 체크하며 정서의 안정성을 엿보면서, 아이들과 지속적으로 소통하는 후견인 방식을 지원하고 있다. 또한 후견인으로서 부모보다 아이들을 더 잘 알고 아이들에게 더 영향력이 있으므로 능동적 개입을 위하여 부모와 적극적으로 소통하고 있다.

청소년기에 방황과 심리장애를 경험했던 필자는 동병상련(同病相憐)의 마음으로 공감하고 야단도 치면서 삼촌 같은 멘토이자 친구가 되어 아이들과 동행하고 있다.

아이들은 홀로서기가 되면 자연스럽게 자신의 길을 향해서 나아간다.

[참고] 상담 후견인(멘토링) 안내
1. 대상 : 심리치유를 진행한 내담자
2. 내용 : Healing·Therapy & Mentor & Coaching
   ① 의식적 부분 중심의 Healing과 사고·정서·행동의 안정 유지
   ② 가정, 학교, 사회적 측면에 대한 사회복지 성격의 상담·멘토링
   ③ 일상의 습관을 조절하고 훈련해 건강한 성격을 형성할 수 있도록 코칭 (STCL)
3. 효과 : 인지능력 향상, 관계·사회적 반응 방식 개선, 긍정 습관과 정체성, 미성숙 기질 개선
4. 방법 : 내방 상담(월 1회), 전화 및 화상 상담(필요시)

습관·성격 바꾸기

대부분의 내담자는 단·중기 심리치유를 통해서 자신의 성장을 방해하는 부정적 정서와 제한적 신념 등이 치유되고 의식적·무의식적 기능의 균형(Balance)이 회복된다. 그리고 심신이 안정된 상태로 자율신경 항상성의 균형과 조화의 기능이 회복되고, 뇌의 전전두엽과 편도체의 기능 회복으로 인지기능이 안정상태로 유지되어 자신을 포함한 외부 환경을 조절하고 통제할 수 있는 유연한 능력이 형성되기 시작된다.

미숙한 기질에 의해서 자동적으로 유발되는 사고·정서·행동적 반응을 조절하고 변화시켜 자신의 기질에 맞는 자유롭고 유연한 행동을 하게 된다. 그리고 가치·의미에 부합하는 행동을 하며 건강한 습관과 자아상이 형성되어 (대인)관계나 사회 속에서 부적응 문제행동은 사라지게 된다. 또한 성격장애 경향성을 보였던 부분들도 사라지기 시작한다.

마음과 행동의 메커니즘을 따라 잘못된 자아정체성(Identity)을 변화시키고 불합리한 신념(Beliefs)과 가치(Values)를 재정립시켜 그것에 맞는 능력(Skills & Capabilities)을 키우고 적합한 행동(Behaviors)으로 세상(Environments)에 나아갈 수 있도록 정렬되고 사회적 욕구와 성격적 욕구가 일치된다.

이렇게 내담자의 부적응 문제행동 4요인 중에 심리·마음, 기질·욕구, 신체적 측면에서 균형(Balace)을 회복하고 안정상태가 되었다.

이제 내담자는 예전의 내담자가 아니다. 자신의 심신에 균형을 찾고 안정성을 회복한 단계이며, 새로운 것을 경험과 학습을 통해서 긍정적으로 성장할 수 있는 준비가 된 상태이다.

그러나 미숙한 기질로 인한 관계·사회 문제와 생활 패턴(방식)의 불안정은 여전히 존재한다. 일부 아이들은 타고난 약점(결핍), 잘못된 습관과 성격적 측면의 미숙함 때문에 현재의 환경을 넘어 세상 속에서 건강한 자극과 반응을 하며 부적응 문제행동 요인별 균형과 요인 간 조화를 이루기 위해서는 추가로 중장기적인 사회적응 훈련이 필요하다.

이런 친구들은 인지·정서·행동의 안정과 의식·무의식의 균형을 유지한 상태에서 내부적인 요인과 외부적인 요인을 함께 성장시켜야 한다.

예) 부정 사고나 정서에 잘 빠지는 기질적 특성으로 인한 '불균형 상태'의 자기회복 훈련
예) 의사소통의 기질적 문제로 '학교-관계-사회 부적응 문제'에 대한 조절과 개선 훈련

이런 친구들은 (시합을 앞둔 권투선수를 코치가 훈련하듯이) 따라붙어 가면서 관찰하고 새로운 반응 방식과 생활 방식을 학습하도록 훈련한다.

> **[참고] 습관·성격 바꾸기 안내**
> 1. 대상 : 심리치유를 진행한 내담자
> 2. 내용 : Coaching & Training & Solution
>   ① 보완 및 강화 Hard-Soft 'Coaching 및 Training'
>   ② 고착의 자신이 되어 버린 습관 'Solution of Attached Condition'
> 3. 방법 : 내방 상담(월 4~2회), 전화 및 화상 상담(필요시)
>   ① 습관 변화 Training(3개월)
>   ② 성격 변화 Training(6~12개월, 사회훈련병)

〈사례 13. 색안경 소녀〉도 같은 방식으로 훈련했다.

(아이의 구호는 "나는 사회훈련병입니다."이다.)

상담사 : 당신은 누구죠?
내담자 : 네, 사회 훈련병입니다.

이 방식은 심리치유를 통해 심리적·정신적 안정을 얻은 친구가 세상과의 자극과 반응의 과정에서 발생되는 불균형을 스스로 회복(Balancing)하면서 주변과 조화(Harmony)를 이룰 수 있도록 돕는 과정으로 진행되며 심리치유 과정에서 학습한 자기조절 훈련기법을 활용하여 본인 스스로가 본인을 개선하도록 지도한다. 그래서 가끔은 엄하고 냉정하게 대하기도 한다.

필자는 긍정심리학자다. '내담자는 스스로 성장하는 방향으로 선택하고 움직인다'고 믿는다. 이 믿음이 필자가 내담자를 신뢰하고 함께 고군분투(孤軍奮鬪)하게 하는 에너지다.

이 과정에서 세 가지 전제조건이 있다.

① 상담사만큼 열심히 한다.
② 스스로 일자리(아르바이트)를 구해서 돈을 번다.
③ 그 돈으로 상담료를 직접 낸다.

이 단계를 진행하는 대다수 내담자는 학교나 사회에 부적응하고 고립된 상태로 머무는 경우가 많다. 그래서 심리치료를 하고도 학교나 사회 적응을 위한 추가적인 Training 과정이 필요하다.

이 친구들을 세상에 내보내고 스스로 적응하고 살도록 놓아둔다. 안전 밧줄(살려는 마음) 하나 묶어서 그냥 던져 둔다. 그리고 지켜본다. 친구가 힘들어할 때는 언제든지 소통하고 함께한다.

스스로 살 수 있도록 필요한 모든 것은 이미 심리치유 과정에서 심어 두었다. 이미 의식적·무의식적 차원에서는 프로그래밍되어 있다. 다만 스스로 꺼내서 활용하고 적용하는 단계가 필요하다. 필자는 단지 공감하면서 매섭게 직면하도록 놓아둔다.

아이들은 이런 훈련 과정을 좋아한다. 처음에는 울고불고 저항하고 난리 치지만, 어느새 필자보다 더 강하게 자신을 밀고 나간다. 이럴 때면 '이제 살겠구나!'라는 기쁜 마음이 든다.

이런 과정은 소수의 친구에게만 적용된다. 그만큼 힘들고 위험한 과정이기에 아이들의 적극적 참여를 기본으로 하고 있으며 필자도 그만큼 몰입하게 된다.

이 과정은 단순한 심리적 요인만을 다루는 것이 아니라 내담자 주변의 사회·환경적 요인도 함께 관리하고 조절한다. 심리상담과 사회복지상담을 함께 진행한다. 가족 개입도 하면서 후견인이 되기도 한다.

위에서 언급한 '후견인', '습관·성격 바꾸기'는 청소년·청년의 변화를 위한 매우 중요한 요소이다. 성장하고 있는 유기체를 위한 동행(同行, Accompany) 방식이다.

아이들과 함께 유동적으로 변해가면서 내적인 균형과 외적인 조화를 이루어 가는 것이다.

1. 사례별 치유 상세 소개

<사례 1. 불안장애 청년>

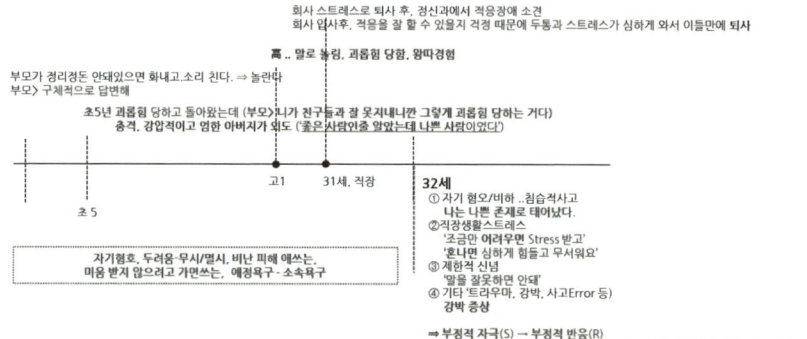

부적응 문제행동 타임라인

⇒ 우울증, 낮은 자존감, 피해의식, 열등감, 무능감, 자기비하/혐오, 침습적사고, 불안장애, 강박

주호소문제 발생 기저

- 단체 기합 싫다 '잘못은 내가 안 했는데 내가 왜 벌을 받을까!'
- 때 묻는 게 싫다 '꿈이 목사였다.'
- 어려우면 Stress를 받고, 혼나면 심하게 힘들고 무서워요. (신체화 증상)
- 자기 비하/혐오 (제한적 신념 '나는 똑바로 구체적으로 대답을 해야 해!')

내담자는 추상적으로 사고하고, 상담 중에 손을 약하게 떨고 얼굴이 붉어지며 긴장을 심하게 하는 모습을 보인다.

비난받지 않으려고, 공격받지 않으려고, '나쁜 사람' 소리를 듣지 않으려고, 욕먹지 않으려고 용쓰는 과정에서 human E Balance가 소진되면서 균형과 조화가 깨진 상태로 심신의 불안정이 유발된 상태이다. (자율신경의 불균형 상태)

부정 자극에 잘 빠지고 쉽게 동조하면서 잘 흔들리는 기질적 성향을 가지고 있으며, 이런 상황들로부터 살아남기 위해서 소수의 집단에 집착하는 모습을 보이기도 한다.

심리치유 방향 상세 (고통지수 측정, 10점 척도)

- 공포(9) : 원래부터 겁을 자주 먹는다. 대상은 생각 안 난다.
- 불안(9) - 사회생활에서 서로 미워하고 싸우는 것이 두렵다. (알 수 없는 두려움)
    - 현실 경험 없다. 그러나 인터넷 유튜브 뉴스 들으면 두렵다.
    - 욕하는 것, 욕먹을까 봐 불안하다.
    - '나쁜 사람' 소리를 듣는 게 무섭다. (무시/멸시당할까 봐, 버림받을까 봐)
- \+ 미움 : 미움받을까 봐 미워하지 않는다. (나는 누군가를 미워하는 거 싫다. 그러면 나도 미움받는다.)
    - (초5) 괴롭힘당하고 돌아왔는데, 부모가 '네가 친구가 없으

             니깐 그렇게 괴롭힘당하는 거다.'
         - (고 1~2) 왕따 경험 (폭언 및 폭력)
       + 분노 : None. (무응답. 자신의 감정 상태를 드러내기를 두려워하며
              억압한다.)
- 자신감/자존감 부족(8) : (초4) 담임이 "혈액형 B형은 나쁜 남자다."
  라고 했다
- 죄의식/죄책감(10) - 모르겠다.
                - '선천적으로 나쁜 사람으로 태어난 느낌' (남
                  자, 폭력성·외도)
- 우울(6) : 이유 없이 허무하다.
- 슬픔(7) : 갑작스럽게 눈물이 나올 때가 많다.
- 스트레스(10) : 작년에 회사에서 상사에게 불려 가서 혼났던 게 생
              각이 난다.

심리치유 진행 상황

초기 상담, '주호소문제 및 History 탐색'과 메타&밀턴 화법으로 변화 욕구 유도

  1회기(2.5시간) : 주호소문제 및 History 탐색, Tracnce 상태 심신안
              정 이완훈련
  2회기(2.5시간) - 방향상세 및 자원탐색, 부정적 자아상의 보상·회피
              통찰, 이차적 이득 제거
         - EFT(even though…), Trance Therapy(자기조절 훈

련 '상태전환 Shift')

3회기(2.5시간) - 자원 탐색, 방향 상세, 목표 설정

- 침습적 S(자극)에 대한 부적응 R(반응) 우회 전략 '상태전환 Shift'

- T Block Bad 습관 바꾸기, '엄지-검지 앵커링', EFT(even though…), 멘탈리허설

4회기(2.5시간) : Trance Therapy 'NLP&최면적치료', 내면아이 치료, 분아[102]변화 등

5회기(2.5시간) - Trance Therapy 'NLP&최면적치료', 자아 강화 및 자신감 Up

- 마음과 행동의 메커니즘 'Alignment & Consistence'

+ 습관·성격 바꾸기

- 심리치유 과정에서 내담자는 심신의 안정을 찾고 원기능을 회복하였다.
- 사회생활을 하면서 경험하는 다양한 문제에 대처하기 위한 '심리치유 보완 및 강화'와 '건강하지 못한 습관과 성격을 개선'하기 위한 습관·성격 바꾸기 Training & Coaching 과정을 진행하기로 하였다.

---

102. [용어 정리] 분아(分我, Part) : 나와 마음이 라포가 안 되면 그 마음이 소화가 안 되고 별도의 에너지와 세력을 가지고 나하고 긴장관계 갈등관계를 가지게 된다. 나와 하나로 통합되지 못한 별도의 마음을 분아라 한다.
  예) 남편이 미우면, 나하고 라포가 안 된 미운 마음이 갈등·긴장 관계로 (내 안에) 별도로 있는 것이다.
  〈참고〉 최면프랙티셔너, 설기문마음연구소, 2016

Trance Therapy 'NLP&최면적치료' (심리치유 4회기)

- 제한적 신념 '나는 똑바로 구체적으로 대답을 해야 해!'
  : '빨간색, 큰 타원 모양, 뜨거운 물질(E)'을 제거하고 태워 버려 까만 연기로 사라지는 것으로 치유하였다.
- 내면아이 치료
  ① '미움받을까 봐 두려운 아이'에 대한 상처를 치유하고 '착하고 잘나고 싶은 마음의 자신'과 하나로 통합하였다. (I'm Good.)
  ② '조금만 어려우면 Stress 받고 혼나면 심하게 힘들고 무서워하는 아이'의 트라우마를 제거하고 '당당하고 자신감 있는 자신의 또 다른 모습'과 하나로 통합하였다.
- '나는 나쁜 존재로 태어났다'
  : 시간선치료™ 기법을 활용하여 제한적 신념과 관련된 사건의 기억과 감정을 치유하고 메타 화법으로 사고적 오류를 깨고 밀턴 화법으로 긍정적 사고를 재구성하였다.
- 부모의 사과와 관계 회복
- 미래보기
  : 당당하고 자신감 넘치는 미래 자신의 에너지를 현재의 자신에 채우면서 하나로 통합하였다.

Trance Therapy 'NLP&최면적치료' (심리치유 5회기)

- 불안, 슬픔 등의 부정적 정서 처치
  : 뇌에 가득 들어 있는 탁한 물(부정적 정서를 상징하는 이미지)을 태양의

빛에너지로 형상화한 진공청소기로 제거하여 치유하였다.
- 무섭다, 두렵다 등과 같이 살면서 경험한 다양한 부정적 정서와 관련된 사건들을 영화로 재구성하여 부정적 영상을 지우거나 편집하였으며, 배우 겸 감독이 되어 관련된 사건 현장을 재구성하여 자극과 반응에 대한 사고와 행동을 개선하였다.
  + 아직도 가슴에 조금 남아 있는 '부정적 정서'를 찾아내어 제거하여 편안한 상태로 치유하였다.
- '남자가 혐오스럽다'라는 글자가 머리에 조각 모양으로 피로 새겨졌으나 조각물을 제거하고 'I'm Good!'을 새겨 놓았다.
- 남자에 대한 부정적 내부표상을 하위향식변화기법으로 편안한 상태로 치유하였다.
  : 남자(짙은 남색, 네모난 모양, 큰 크기, 날카로운 느낌) to 앵무새(알록달록, 둥글둥글, 작은, 부드러운) ⇒ 개체속성 변화(하위양식변화기법)
- 시간선치료™ 기법을 활용하여 부정적 정서와 제한적 신념을 치유하면서, 이번 경험이 아니었으면 깨달을 수 없었던 미래의 인생에 도움이 되는 교훈을 찾아 성장하도록 하였다.
  + 교훈 : ① 미움을 버리자. ② 부정적인 말/표현에 휩쓸리지 말자.
  　　　　③ 회피/굴복이 아닌 보상행동(개선)을 하자.
  　삶의 목적 : ① 행복하자! ② 성장하자!(Upgrading)
  + 교훈과 삶의 목적을 머리에 새기기
   : 회색 벽을 파란 하늘색으로 칠하고 그 위에, 교훈과 '삶의 목적'을 새겨 놓았다.
  + 마음 단단하게 하기
   : 새겨진 '교훈과 삶의 목적' 글자들이 온몸으로 혈관을 따라 퍼지도록 암시하고 강화하였다.

Self Trainig

- 심신안정 이완훈련

: 심호흡(들숨-멈춤-날숨 3회) + 힘 빼기(정수리에서 발끝까지)

- 자기조절 훈련 '상태전환 Shift'

: State Shift '알아차리기 Stop-Trance Zero 상태'

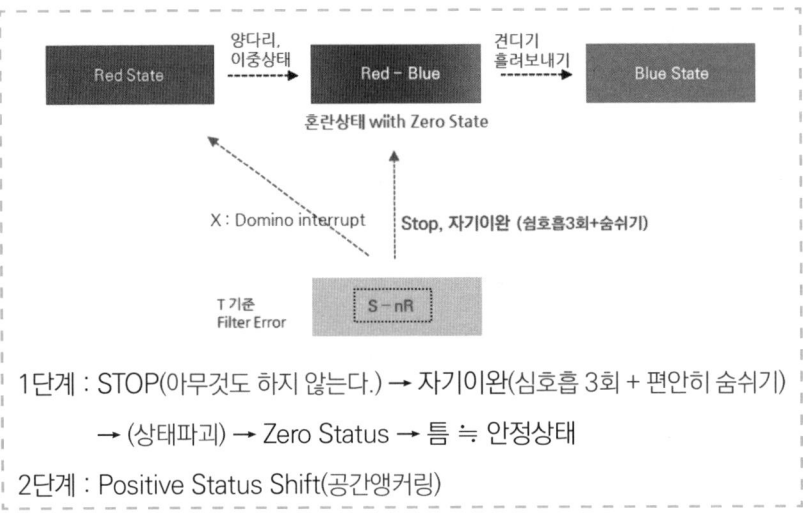

1단계 : STOP(아무것도 하지 않는다.) → 자기이완(심호흡 3회 + 편안히 숨쉬기)
 → (상태파괴) → Zero Status → 틈 ≒ 안정상태
2단계 : Positive Status Shift(공간앵커링)

+ T Block Bad 습관 바꾸기

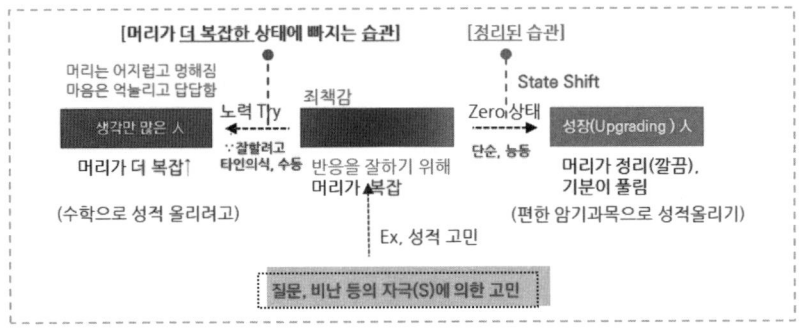

+ 부정습관 바꾸기

: ① T Block Bad습관 바꾸기 - ② 앵커링 - ③ 긍정확언

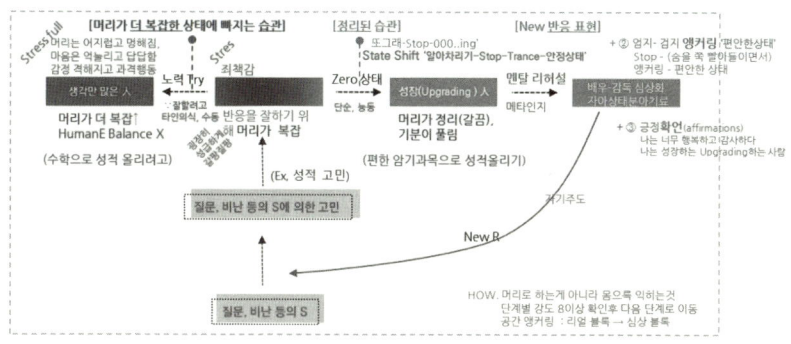

앵커링

⇒ [240쪽 참고] 부록. 3.주로 사용된 NLP 기법 中 앵커링(Anchoring)

〈사례 6. 무서워!〉

주호소문제 및 History 탐색

기질적으로 낯설거나 새로운 것에 대한 위험 회피 성향이 높고 사회적으로 민감성이 낮은 기질을 가진 상태에서 상황에 맞는 유연한 행동을 하지 못한 채 잘하고 싶고 공부로 이기고 싶은 욕구가 강하지만 사회적 욕구와 성격적 욕구의 불일치로 인한 충돌과 혼란 속에서 고민하고 걱정하면서 부정적 감정과 생각에 더 깊이 빠지는 모습을 보여 주고 있다.

Human Energy Balance가 깨진 상태로 무기력·우울과 불안한 상태 속에서 열등감과 분리불안의 부정적 자아상이 만들어졌고, 무능감과 죄책감 등의 부정감에 고착된 상태로 사회적으로 위축되고 심리적·정신과적 질환을 동반한 채로 머물고 있었다.
　("낯설거나 새로운 것을 잘 못하고, 처음 만난 사람들에게 말을 걸기가 힘들며 사람들이 싫어할까 봐 눈치 보고 주변을 살핀다. 안 좋은 평을 듣는 것을 싫어한다. 공부로 이기고 싶지만 잘되지 못하면 스스로 자신을 비하하고 혐오하게 된다."라고 하였다.)

- 무서워(8) 〉 불안(6)
  - (초등학생) 왕따, 또래와 어울리지 못했다. (학원 괴롭힘 '더러워', 없는 사람 취급받음)
  - (중학생) 왕따, 또래의 괴롭힘을 당했다. (여자애들에게 괴롭힘당함, 주변 애들이 지속적으로 괴롭힘)
  - (고등학생) 왕따, 공부로 이기고 싶었다. (은근히 따돌림, 같이 밥 먹을 사람 없음, 별난 놈 취급받음)
  - (대학생) 사람들과 거의 어울리지 못하고 공부에도 집중하지 않은 채 시간만 보냈으며 취업 준비 시기에는 취업 생각을 할수록 불안이 높아져 준비를 못 했다.
- + 관계 불안
  - 대인관계에서 사람을 좋아하지만 불편한 것을 못 견디고 상처를 주거나 받는 것을 싫어한다.
  - 사람과 관계를 하지 않는 것에서 오는 불편감은 없으나 사람들과 만나서 어울리고 사회생활을 해야 하는 압박감이 크다.

- 관계를 위한 소통을 시작할 때는 불안감(압박감)이 매우 크며 사람들이 많이 몰려 있는 상황이나 장소를 회피한다.

+ 자유가 무서워

> 내담자 : 고등학교 때까지는 잘하고 싶어서 나를 몰아세우면서 스스로 전진시켰다. 대학에 들어와서는 경쟁심이 사라지고 즐거운 대학 생활을 하고 싶었으나 같은 과에서는 어울릴 수 없었고 동아리 활동은 참여하였다. 그러나 동아리 활동 중에 맡은 업무로 인한 갈등이 발생했으며 활동을 멈추었다. 공익요원 근무는 정해져 있고 시키는 대로 업무만 해서 단순하고 편했다.

내담자는 '더 잘해야 하는데 무섭고 두려우니깐 시작도 못 하고, 하지 않으면서 게을러지고, 다시 무서워서 못 하게 되는 반복된 습관' 속에서 새로운 것을 해야 하는 불안과 두려움에 익숙해졌다. (습관이 마음이 되어 버렸다.)

• 침습적 사고, 불안/우울

> 내담자 : 대학으로 돌아가야 하는데, 고3 1학기로 돌아갈까 봐 무섭고 두렵다. 공부해도 필요 없을 것 같다. 아무리 노력해도 성공 못 할 것 같다.
> (졸업한 선배들 모습 보니깐 학과 문제로 사회 낙오자가 될까 봐!)
> 내담자 : 효과가 없을까 봐, 노력해도 소용없을까 봐, 좀 더 도움이 되는 것을 배워야 하는데, 막상 뭔가 하려면 '시간, 돈, 노력, 투자'가 망설여진다.
> [참고] 강박적 사고와 행동
> · 대학은 부모님 돈을 투자하는 건데 중간에 그만두면 손해 보는 게 아닌가?
> · 컴퓨터 스위치 확인 (완벽주의 6~7)

- 자살 생각

(수능이 끝나고 쉬는 기간)

내담자 아버지 : (야단치며) 왜 공부를 안 해!
내담자 : ('수능 끝났는데!' 스트레스 받고 불안이 심해지면서) '아이 죽어야겠다.'

- 우울(무기력)

내담자 : 처져 있는 나의 모습이 무기력하다. 울고 있는 나의 모습이 "슬프다."
대학은 그냥 가야 해서 갔다. 그림 작가가 되고 싶었지만, 소질도 없고 고생하기도 싫어서 그냥 포기했다.
현재는 아무런 목표가 없고 불안하다. 애써 노력하기 싫고 아무것도 하기 귀찮다.
(두렵고 무서워서) 꿈이 없는데 눈치를 본다. 우울해서(무기력해서) 울고 있다.

- 죄책감

내담자 : 어설프게 하기 싫었다. 하려면 제대로 하고 싶었다. 그래서 열심히 살아오지 않았다. 그렇지만, 지금까지 나를 볶아 채면서 살아왔고 편한 적 없었다.

+ 미안함

내담자 : 부모님이 투자한 돈으로 대학을 다닌다. 성적도 안 좋은 상태고 졸업장만 따면 아버지께서 실망하실 것 같다.

- 이차적 이득(SG)

> 상담사 : 안 하면 뭐가 좋아?
> 내담자 : 도피처 안전처
> 상담사 : 원하는 삶?
> 내담자 : 사회적으로 능력/직업 인정받는 사람, 편안하고 여유로운 삶. '돈을 많이 벌고 싶다, 안정되게 편안하게.'
>
> (중략)
>
> 상담사 : 공무원 준비 안 하는 이유?
> 내담자 : 시작이 무서워, 공부에 자신 없고 실패가 엄청 두려워 '공부 적성 안 맞아, 공부 싫어.'

심리치유 진행 상황 (심리치유 8회기, 습관·성격 바꾸기 6회기)

'주호소문제 및 History 탐색'과 메타·밀턴 화법으로 변화 욕구 유도

1회기(2.5시간) : 주호소문제 및 History 탐색, NSM Sheet
2회기(2.5시간) : 심리치유 및 방향 상세
 - 실패하는 습관 성공하는 습관, EFT(even though…), 성공하는 습관人 다짐
 - 모든(항상 늘) ↔ 어떤 무섭다
 - 좌절감, 강박적 생각, 자존감/자신감, 죄의식(죄책감)
 - 표리부동 망하는 습관, 겉마음 속마음 비효율(비효과)

3회기(3시간) : 심리치유 및 자원 탐색
- 양자언어화법 & Meta3 & SG, Think 빠지거나 벗어나기, 습관의 균형
- Sink into Negative Status 벗어나기(State Shift)
+ 부정적 습관(TB→E) → 불안에 중독, 방향성 갈등과 충돌(가치 : 돈, 지위, 권력, 행복, 삶)

4회기(2.5시간) : Trance Therapy 'NLP&최면적치료', 시간선치료™ 등

5회기(2.5시간) : Human Energy Balance, 겉마음 속마음 비효율(비효과), Trance Therapy 'NLP&최면적치료', 제한적 신념(결심) 제거 등
+ EFT '취업 못 할까 봐 두려워!', Spiritual Virus 체크 및 처치
+ 비난받고 욕을 먹든 사건 장면의 부정적 정서 제거

6회기 (2.5시간) : 메타화법 'T Error'
- 이득의 분리 : 선택 도장 찍기, 자신감 UP(성공의 원)
- 충돌과 혼란 in 욕구(Wants, ①심리적 욕구 ②사회문화적 욕구)

7회기(2.5시간) : '뇌의 전략 vs 의식의 전략' 습관, 메타화법 관점변화, Trance Therapy '시간선치료™'(10년 후의 미래에서, 관점변화), 내면아이 치료, 분아변화 등

8회기(2.5시간) : Trance Therapy 'NLP&최면적치료' 보완 및 강화, 자아 강화 및 자신감 Up, 자아 강화

+ 습관·성격 바꾸기
- Error ① 기준-습관 and 선택의 Error

② 집중-분산 and 몸의 Error

③ 표현습관 Error

- 사회적응 상태 점검 및 보완 'Training & Coaching'

Trance Therapy 'NLP&최면적치료'

- 일상생활 안정화 'Self Training'
  - 심신안정 이완훈련 : 심호흡(들숨-멈춤-날숨 3회) + 힘 빼기(정수리에서 발끝까지)
  - 자기조절 훈련 '상태전환 Shift' : State Shift '알아차리기 Stop-Trance Zero 상태'
  - T Block Bad 습관 바꾸기
  - 부정습관 바꾸기 ① T Block Bad 습관 바꾸기
   　　　　　　　② 앵커링
   　　　　　　　③ 긍정확언
  - Self Training Check List
- 깨기/벗어나기, 만들기
  - 경계선 뛰어넘기(NLP 양자언어화법) / Meta 3(NLP C 〉 E) / SG
  - NLP&최면적치료
  - 시간선치료™, 내면아이 치료, 분아변화
  - E Therapy - 트라우마(상처) 씻어 내기(EFT(even though…))
  - 자아 강화 및 자신감 Up, 자아 강화 최면 암시, 자신감 UP(성공의 원)
- 새로운 습관 만들기
  - 마음과 행동의 메커니즘(Alignment, Consistence)

- Alignment Error of '지능-성격(MBTI, Holland)-욕구(desire/hope)'
- Self Training Check List

- 사례 시연 with 'Meta 3 + EFT' -

Meta 3

(트라우마에 대한 부정적 정서나 제한적 신념을 제거한 후)

상담자 : 무엇이 문제죠?
내담자 : 무서워요.
상담자 : 구체적으로, 무엇이 문제죠?
내담자 : 복학하는 게 무서워요.
상담자 : 무엇이 그 문제를 일으켰죠?
내담자 : 모르겠어요.
상담자 : 무엇이 그 문제를 일으켰죠?
내담자 : 고등학교 3학년 1학기로 돌아갈까 봐 무서워요.
상담자 : 당신은 어떻게 그 문제를 제대로 해결하지 못했죠?
내담자 : (무응답)
상담자 : 무엇이 그 문제를 해결하지 못하도록 했죠?
내담자 : 힘들어요.
상담자 : 좀 더 구체적으로, 무엇이 당신을 힘들게 했죠?
내담자 : 공부가 힘들고 어려워요.

상담자 : 공부가 힘들고 어렵다고 했는데 당신은 어떻게 그 문제에 대한 해결책을 찾아낼 수 있죠?

내담자 : (무응답)

상담자 : 당신은 어떻게 그 문제를 해결하지 못했죠?

내담자 : 생각만 하고 있어요.

상담자 : 구체적으로?

내담자 : 책임지고 비난받는 게 무서워요.

상담자 : 당신이 무섭다고 했는데, 무엇이 그 문제를 일으켰죠?

내담자 : 책임지고 비난받을까 봐 아무것도 안 했어요.

상담자 : 어떻게 그 문제를 해결할 수 없었죠?

내담자 : 아무것도 안 했어요. 고민만.

상담사 : 무엇이 그렇게 만들었죠?

내담자 : 제가 약하고 게을러서.

상담자 : 어떻게 그 문제를 해결하지 못했죠.

내담자 : (무응답)

상담자 : 무엇이 그 문제를 해결하지 못하도록 했죠.

내담자 : 고민만 하는.

상담자 : 무엇이 문제죠?

내담자 : 고민만 하는.

상담자 : 무엇이 그 문제를 일으켰죠?

내담자 : 잘하려고 완벽히 하려고.

상담자 : 어떻게 그 문제를 해결할 수 없었죠?

내담자 : 아무것도 안 했어요.

상담자 : 당신은 어떻게 해결할 수 있죠?

내담자 : 그냥 하면.

> 상담자 : 당신은 무엇이 변화되기를 원하나요?
> 내담자 : 아무것도 안 하는 것.
> 상담자 : 당신은 언제 그 문제를 멈추세요! (최면적 의사소통)
> 내담자 : 지금 하고 싶어요.

EFT (완벽주의 두드려 털기)

자, 눈을 감고 두드리면서 따라 해 보세요.

(두드리기) (두드리기)

비록, 내가 약하고 게으르고 아무것도 안 하는 무기력한 모습이지만, 나는 나 자신을 있는 그대로 받아들입니다. (두드리기)

비록, 내가 비난받거나 책임지기 싫어서 회피하고 무서워할지라도, 그런 나 자신을 있는 그대로 받아들입니다. (두드리기)

내가 했던 것들이 미흡하고 부족해서 무능한 사람처럼 느껴지고 내가 할 수 있는 것들이 가치 없는 것처럼 보일지라도, 이런 나 자신을 있는 그대로 받아들입니다. (두드리기)

잘하지 않아도 괜찮고, 완벽하게 하지 않아도 괜찮습니다. (두드리기)

지금까지 완벽하게 잘하려고 고민만 하다가 아무것도 하지 않았던 나 자신을 있는 그대로 받아들입니다. (두드리기)

비록, 내가 완벽주의가 있을지라도 이제부터 이런 완벽주의를 내려놓고 편하게 사는 것을 허용합니다. (두드리기)

잘하고 싶어서 애쓰고 힘들어했던 나 자신을 있는 그대로 받아들이고 용서합니다. (두드리기)
나는 나를 사랑합니다. (두드리기)

나는 최선을 다했습니다.
나는 나 자신을 있는 그대로 받아들이고 용서합니다. (두드리기)
나는 나를 사랑합니다. (두드리기)

비록, 내가 기대가 너무 높고 마음이 앞설지라도 이제는 적당히 대강 편안한 사람으로 살아가는 것을 허용합니다. (두드리기)

잘하지 않아도 않아도 괜찮습니다. (두드리기)
그 어떤 것도 완벽하게 할 필요는 없습니다. (두드리기)

대강 편안하게 하는 것은 좋은 일입니다. (두드리기)
적당히 편안한 사람으로 살아가는 것은 좋은 일입니다. (두드리기)
그렇게 자유롭게 편안한 사람이 되는 것은 참 좋은 일입니다.

그런 나 자신을 있는 그대로 받아들이고 사랑합니다. (두드리기)
나는 나를 사랑합니다. (두드리기)

Meta 3 (NLP Cause 〉 Eeffect)[103]

대다수 내담자는 부적응 문제행동의 혼란과 갈등 상황에서 그 원인을 외부에서 찾고 탓을 한다. 그러나 이러한 문제의 원인을 자신의 내부에서 보게 된다면 문제는 저절로 사라지게 될 수 있다.

NLP '메타모형 III'은 특정한 결과를 얻기 위한 의도적 질문법으로 '아, 내가 문제구나!'로 이끄는 의도적 질문 과정에서 심층구조가 드러나면서 자기 주도적이고 자기책임 위치에서 문제를 바라보게 되고 그 문제에서 벗어나게 될 수 있는 기법이다.

이 기법은 상담사와 내담자 간에 친밀한 믿음과 신뢰가 바탕이 된 라포 상태에서 내담자의 막연하고 모호한 표현에 대해 상담사가 구체적이고 직접적으로 질문한다. 내담자는 따끔하지만 충격적이고 혼란스러운 상태 속에서 자기 스스로에게 집중하게 되면서 자신을 보게 된다. (트랜스 상태에서 밀턴 에릭슨의 역설적 기법을 활용하여 내담자의 생각을 파고들고 분석하면서 변화 유도)

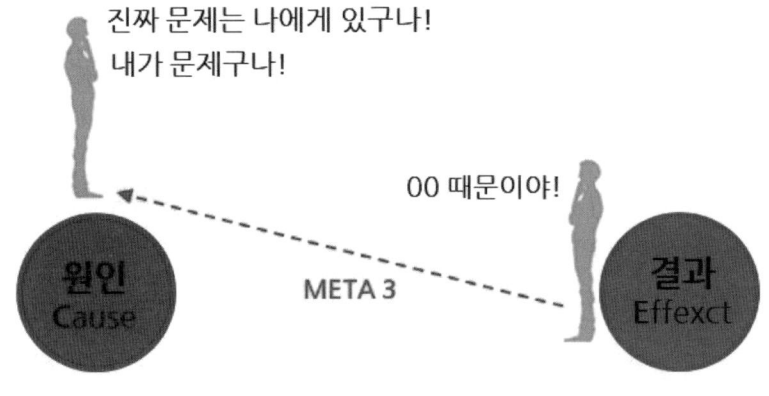

---

103. 〈참고〉 Certified Master Practitioner of Neuro-Linguistic Programming, Dr Seol's Mind Institute, 2017

Effect 자리에서 Cause 자리로 가면 내가 주인(독립변인)이 되면서 '○○ 때문이야!'가 사라지고 더 이상 문제가 되지 않는다.

'진짜 문제는 나에게 있구나! 내가 문제구나!'
비로소, 문제가 사라지거나 문제를 개선하기 위한 자기 주도적 선택을 할 수 있게 된다.

- 단계별 진행 과정 -

① 무엇이 문제죠?
② 무엇이 그 문제를 일으켰죠?
③ 당신은 어떻게 그 문제를 제대로 해결하지 못했죠?
　　　　　　　　　　　　　　　　　　(반복 : 궤적 대답 유도)
④ 당신은 어떻게 그 문제에 대한 해결책을 찾아낼 수 있죠?
　　　　　　　　　　　　　(어떻게 해결할 수 있습니까?)(C〉E)
⑤ 당신은 무엇을 바꾸고 싶죠?
⑥ 당신은 언제 그 문제를 멈추세요?
⑦ 얼마나 많은 방식으로 당신이 그 문제를 해결했음을 알 수 있죠?

⇒ [206쪽 참고] 사례 시연 with 'Meta 3 + EFT'

EFT (감정자유기법)[104]

Emotional Freedom Technique[105]는 미국 데이 크레이(Gary Craig, 엔지니어·자기계발코치·목사)가 TFT(Thought Field Therapy)[106]에 바탕을 두고 단순화시켜 개발한 심리치료법으로 경락이론을 바탕으로 하고 있다.

부정적 감정은 신체 에너지시스템(경락기능)이 혼란된 것이라고 전제하며 특정 타점(경혈)을 두드림으로써 신체 에너지시스템의 혼란을 해소하여 부정적 정서를 해결하고 몸과 마음을 편안하게 치유하는 기법(침을 사용하지 않는 침술, 심리침법)이다.

- 기본 명제 : 모든 부정적인 정서의 원인은 신체에너지 시스템의 혼란(기 순환의 혼란)이다.
- EFT 고통 유발 메커니즘
  : 충격적 경험(트라우마)에 관한 생각/기억이 → 자극과 단서에 의해서 → 우리의 Energy 체계에 혼란을 발생시켜 → 신체적 고통과 심리적 고통을 일으킨다.

※ 전통적 심리학의 고통에 대한 설명
트라우마적 경험/기억으로 → 부정적 정서가 생기고 → 신체적 고통과 심리적 고통을 발생시킨다.

---

104. 〈참고〉 설기문마음연구소, 온라인 교육 'EFT', 2017
105. 〈참고〉 [EFT] Emotional Freedom Technique : 창시자 Gary Craig 공식 사이트 www.emofree.com/eft-tutorial/tapping-basics/how-to-do-eft.html
106. 특정한 신체부위(경혈)를 손가락으로 두드려서 몸의 생체 에너지장에 영향을 미치는 치료법

- 기본 치료 과정 : 준비 단계 → 기본 두드리기 단계 → 손등 두드리기 단계 → 기본 두드리기 단계

  ① 기본 두드리기 : 눈썹 → 눈가 → 눈밑 → 코밑 → 턱 → 쇄골 → 겨드랑이 → 엄지 → 검지 → 중지 → 새끼손가락 → 손날

  ② 손등 두드리기 : 눈감기 → 눈뜨기 → 우측 하단 보기 → 좌측 하단 보기 → 눈동자 시계 방향 돌리기 → 눈동자 시계 반대 방향 돌리기 → 허밍(콧노래)

- 긍정적 자기암시 : '나는 비록 …이지만, 나 자신을 깊이 그리고 완전히 받아들입니다.'
- 보충 치료 과정의 암시문 : '비록, 여전히 …가 (조금) 남아 있지만, 나는 나 자신을 깊이 그리고 완전히 받아들입니다.'

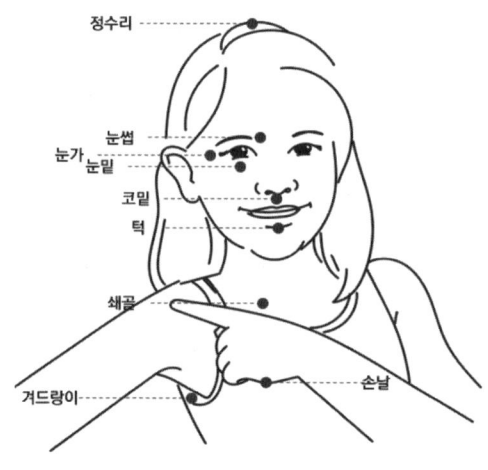

EFT 태핑 포인트[107]

⇒ [206쪽 참고] 사례 시연 with 'Meta 3 + EFT

---

107. 〈참고〉 EFT Gary Craig의 공식 사이트, www.emofree.com/eft-tutorial/tapping-basics/how-to-do-eft.html

<사례 13. 색안경 소녀>

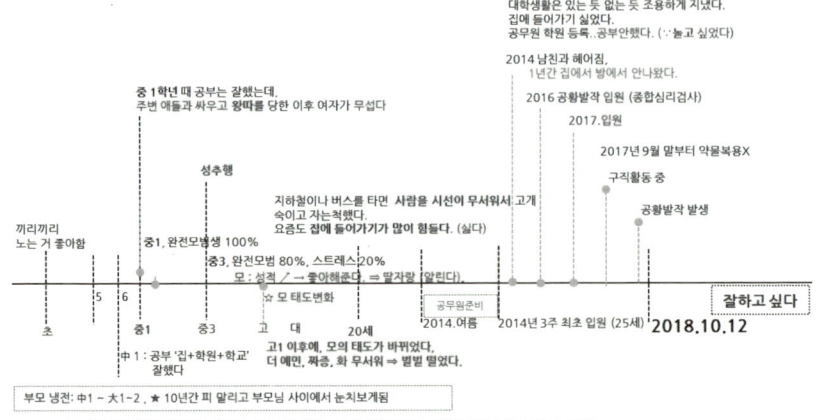

부적응 문제행동 타임라인

⇒ 우울증, 낮은 자존감, 피해의식, 열등감, 무능감, 침습적사고, 불안장애, 공황장애, 관계 및 사회부적응, 은둔형 초기, 가족관계 문제, 성격장애경향

주호소문제

<u>심리검사 보고서(2014)</u>

사고 및 지각 측면에서는 현재 뚜렷한 지각의 왜곡이 시사되지는 않으나 환경을 비일상적인 방식으로 지각하는 경향이 두드러지고 주어진 상황을 자의적으로 해석하며 비논리적으로 사고하는 양상을 보일 수 있다.

내적 갈등이나 정서적 촉발 단서에 영향을 받아 순간의 감정에 압도되어 중립적인 자극과의 거리감 유지에 어려움을 겪으면서 인지적 통제력이 저하되고 일시적이라도 사고 과정의 장애 양상이 나타날 수 있다. 또한 침투적이고 주변적인 사고가 목표지향적인 사고를 방해하면서 주의집중에 어려움을 겪을 소지가 추정된다.

정서 및 성격 측면에서는 환자는 현재 정서적으로 상당히 우울·불안하고, 불안정하고 과민한 채로 심리적 혼란이 큰 상태를 보인다.

환자는 현재 자아 기능과 정서적 통합력이 약화한 상태로 스트레스가 환자의 감내력을 넘어서는 수준에서는 감정을 억압 및 통제하지 못하고 신체화를 통해 표출되거나 미숙하고 즉각적인 방식으로 표출될 수 있으니 주의를 요한다.

환자는 성격적으로 수동적이며 순응적이고 내성적인 성격으로 애정 및 안정에 대한 욕구가 높은 것으로 보인다.

어린 시절부터 부모의 기대에 부응하기 위해 자신의 감정을 억압하고 순응적인 태도로 학업에 몰두하였지만, 자신 및 주변의 기대에 부응하지 못하는 부진한 성과로 인해 자존감이 저하되고, 비난이나 부정적 평가에 대한 두려움이 증가된 상태로 보인다. 또한 주요 대상에 대한 불만과 적대감을 느끼며 문제의 원인을 대부분 외부로 투사하는 면이 있어 보인다.

어릴 때 적절한 교우관계를 경험하지 못하면서 건강한 자아상 및 대인

상을 형성하기에 어려웠을 소지가 추정된다.

심리검사 보고서(2016)
공황발작으로 입원치료.

정서 및 성격 측면에서 긴장과 만성적인 불편감을 보이며 불안 수준이 높고, 해결되지 못한 의존 욕구와 부적절감이 기저에 있으며 억압 기제를 사용하여 신체적인 채널을 통해 긴장과 불안을 발산할 경향성이 시사된다.

외부 환경을 위협적으로 인식하고 있고 대상 표상이 부정적·적대적으로 형성되어 있어 사회적 상황에서 위축·불안·억제·긴장이 상승하고 이는 자기 자신에 대한 높은 포부 수준, 완벽주의적 성향 및 과거의 왕따, 성추행 경험과 결부되어 부적절한 초점이 자기 내부로 향해져 과도한 고통과 우울감을 겪고 있을 것으로 생각된다.

친척이 공황장애, 우울장애, 조현병으로 입원 치료를 받았다는 가족력과 유전력 요인이 있으며 청소년기에 왕따 및 성추행 사건을 경험하고 가족 간 정서적인 유대감 및 온정적인 상호작용이 부족한 환경적인 요인이 위험 및 예후 인자로 작용해 왔을 것으로 판단되며, 심리 내적으로 우울감 및 인지적 경직성이 나타나고 있어 자살 시도와 자살 생각이 발생할 가능성에 주의가 필요하다.

심리치유 방향상세

성격적 욕구(Enneagram Desire)가 ②번 사랑 유형으로 관계 속에서 존재의 의미를 찾고 그 의미를 추구하는 아이가 양육 과정에서 오는 환경적 영향으로 타인 중심의 의존적이고 수동적인 상태로 불안하고 강박적인 성격적 경향성이 발달하게 되었다.

청소년기에 사고의 기준과 행동이 왜곡된 상태에서 열등감과 무능감, 부정적 자아상이 형성된 내담자는 성인이 되는 과정에서 공황장애와 우울증으로 나타나는 심리장애와 미성숙한 성격 및 사회부적응 등의 문제를 동반한 채로 머물고 있었다.

> 성격장애 간이 유형 검사에서 의존성·강박성·편집성·분열형·연극성·자기애성·경계성의 경향성이 시사된다.

- 불안
  - 부모 사이가 안 좋아 싸움을 자주 했다.
  - 중1부터 공부를 잘했는데, 샘과 친구들이 보니깐 더 잘해야 해서 '잘 안 놀고 감정을 드러내지 않고' 살았다. (성적이 내려가면 안 돼!)
  - 남자들은 다 위험한 것 같고, 여자는 같이 잘 지내고 싶은데 내가 눈치를 보면서 피했다.

- 관계
  - 남자는 제대로 못 사귀겠다. (남자들은 순종적인 여자를 좋아하기 때문이다.)

- 한 번 차고, 한 번 차였는데, 그 이후부터는 계속 찼다.
- 남자한테 눈치 보면서 집착하는 것 같다. 그래서 안 사귄다.
- 회사에서는 잘하고 싶어서 이미지 관리도 하고 이쁨받으려 한다.
  (뽑아 주고 잘 봐 줬으니깐 그만큼 잘하려 한다.)

• 입원, 상담·치료
  - 2014년 최초 입원 포함 총 3회
  - 심리상담 : 인근 유명한 상담소에서 심리상담 총 6개월
  - 약물복용 : 2017년 9월경에 약물복용을 임의대로 중단

심리치유 진행상황 (NLP&최면적치료)

1회기 : 초기 상담, '주호소문제 및 History 탐색'과 메타&밀턴 화법으로 변화욕구 유도

2회기 : 분석-평가 및 성격장애 간이 검사

3회기 : 전략 수정(관계 방식/사회 상황), '방향 상세 및 자원 탐색', 'Down Break'

4회기 - NSM Sheet, 이차적 이득(SG), 이완 훈련, 이미지 심상화 훈련
      - S→R, 결정을 내리는 습관, 화 제거, EFT(even though…), 부정적 자아상의 보상·회피 통찰

5회기 - 인간 3분류, 어른 vs 아이, 분리불안 중 불안, 심리와 마음의 작용 이해 코칭
      - 14세 '외로움' 대처 전략 ① 을의 전략
        ② 자존심 손상경계 전략

③ 회피·굴복/보상
- 14세 '외로움' 사건 현장에서 '자존심 손상경계 처치'하고 내면아이 치료

6회기 - 부정상태 '빠지기(Sink) vs 벗어나기(Shift)', 갈등-행동 습관 변화 Step
- Want vs Try, Go to Dream, Go for Dream
- 관계방식 Error, Energy 관리, Focusing & Energy

7회기 - 1부 : 문제(점)와 전략 'Sink vs Shift', 심리치유 '방향 상세 재작성 및 변화 비교
- 2부 : 내면아이 통합, 부모 화 제거, 시간선치료™ 교훈과 좌우명, 분아변화

8회기 : 기분과 움직임. 좀비 상태 → (E Down 무기력 상태 개선) → 활력 상태

9회기 - S→R 'red-blue 관점 습관 바꾸기' & 사랑채우기(with 사랑 항아리 채우기·내면아이 치료), '아' → '네' 습관 변화

10회기 - 행동의 기준 ① '그랬거나 말았거나, 내 맘대로'
② 기준(목적)에 따라
③ 효과적 선택
- 표현 is '내 입장(목적)에서 상대에 맞게(알아듣게) (말 표정 등) 하는 것'
- [참고] 과제 : 미술심리치료(만다라 그리기, 아르바이트 구하기)

11회기 - 자기훈련 Self Discipline II-1 ⑤번 만다라 그리기
- 자아 혼란과 성격 문제로 인한 심리적 문제 원인과 해결방안
- [참고] 과제 : 미술심리치료

12회기 - 자기파괴 Sink into '시간/장소/(T·E)공간' Process 벗어나기
 - 자기파괴 부정 추상화 기법 벗어나기, TEB 항상성 유지
 - [참고] 과제 : 미술심리치료

12회기 추가 - 부모-내담자 상담(소통하기 및 갈등 해소)
 - 자기훈련 self Discipline Ⅱ ②번 미소명상
 ('아이의 웃음 사진', 새싹 사진 및 음악)

13회기 - 자기훈련 self Discipline Ⅰ '자아와 행동의 신경논리수준 훈련'

14회기 - 바보들의 행동 습관 바꾸기, '나은 사람' 습관 만들기, 반응은 바로 하는가
 - '좋아하는 것 vs 잘하는 것'

15회기 - 자기 인생 눈치 → 자기 인생 주도, 내적동기와 상담의 목표
 - 나를 만들어 간다는 것은(자아 형성과 삶)

16회기 - Human Energy Balance, 부정자극 대처 전략
 - [전후 비교] KSCL-95, 성격장애 유형 검사지

17회기 - 신경논리수준과 습관·성격, 마음과 행동의 메커니즘 정렬·일관
 - 수 is 기회 개선 성장 성공, '제가 그랬네요'(Cause 〉 Effect)
 - 진로상담 Ⅰ(Holland 검사) '꼼꼼한데 머리 아픈 거 싫다'

18회기 - Holland 진로상담(코칭/강의)

19회기 - 기준오류 '목마름', 자기결정권 vs 배려, 결정 vs 선택

심리치유 과정 요약

- 무의식적 부정적 신념과 제한적 신념을 치유하였다.
- 사고와 행동의 기준을 건강하게 재형성하고 무의식에 프로그래밍된 습관들을 변화하였다.
- 자기조절 훈련을 통하여 미숙한 성격을 통제하고 조절해서 극단적 기질을 조절할 수 있는 능력을 향상하고 정서와 행동을 안정시켜 일상생활을 정상화하고 자율신경 균형(balance)을 회복하였다.
- 자극과 반응에 선택적 연합과 분리 능력 향상으로 사고와 정서 및 행동, 성격적 측면에 대한 안정성을 유지하게 되었다. (심리치유는 일주일에 2일이었지만 내담자의 상태를 고려하여 매일같이 상담소를 잠깐씩 방문하게 하여 과제를 점검하며 면밀하게 일상의 안정성과 변화의 상태를 관리하였다.)

+ 습관·성격 바꾸기 '사회훈련병'

개인적 차원을 넘어 '독립과 자립'의 사회적 차원의 성숙을 위하여, 치열한 사회 현장에서 습관·성격 바꾸기 Training & Coaching 과정을 진행하였다.

1년 계약으로 진행된 '사회훈련병'은 처음부터 무척 어려운 과정이었지만 내담자는 욕먹어 가면서 잘 버텨 냈다.

지금은 가끔 전화 문의만 온다. 사회적 성인으로서 자기의 역할을 하고 독립적인 삶을 살아가는 중이다.

이 친구를 치유하는 과정은 마치 딸을 키우듯이 모든 열정과 주의를 기울이며 함께하는 시간이었다.

다행이다. 버티고 견뎌 줘서 고마울 따름이다.

Trance Therapy 'NLP&최면적치료'

⇒ [참고] 위의 심리치유 진행상황, 심리치유 과정 요약

Self Training

① '상태 Shift' Training(Down Break)

: '알아차리기' → 아무것도 안 한다. 숨만 쉰다 → 심호흡 → Shift ⇒ 정서/사고 안정

② 자기이완 훈련(Trance State)

: 주먹 힘주기&힘 풀기 2회 → (심호흡 기본) → '인중누르기&숫자세기(10→0) + 심호흡 2회' → (눈감고) → '인중누르기&숫자세기(10→0) + 심호흡 2회' → '행복·즐거운·원하는' 생각(상상) 몰입하면서 충전 Energy Up

③ EFT 단축

: 심호흡 → 정수리 + 눈썹 옆 + 눈 옆 + 눈 밑 + 인중 + 입 밑 + 가슴 명치 + 손날 + 손등 + 손목잡기&날숨 ⇒ 정서/사고 안정

④ T Block Bad 습관 바꾸기

⑤ 멘탈리허설(심적시연)

: 트랜스 상태에서 과거에 행동하던 방식과는 다른 긍정적 방식으로 행동하는 자신을 상상(마음으로 시연, 마음으로 생각)하는 것이다. (메타인지 강화)

과제

상담 시간 이외에 발생하는 감정·사고의 부적응 문제를 해소하기 위한 자기 훈련 방법

- Self Training
- 색체심리 미술치료 : 외현화(분노), 만다라(부정정서→긍정정서), 원파장(우울), 종이색칠(우울)

> **[참고] 색체심리를 통한 우울, 분노 치료**
> ① 분노/우울치료 – 미술치료(빨강-파란색-초록색-분홍색-노랑색)
> ② 색체외현화(사람, 원)
> ③ 만다라 그리기
> – 화를 가진 사람은 '분노 에너지가 밖으로 나가는 그림'을 그리게 한다.
> – 우울한 사람은 긍정에너지가 '외부에서 안으로 들어오는 느낌'을 가지도록 그리게 한다.

[참고] **부정감 중독(고착) 벗어나기**

① 생각 변화로 현실변화

: 마음이나 세상을 보는 관점을 바꾸면 뇌의 신경망이 변하고 뇌가 변하면서 우리의 행동이 바뀐다.

② 심적 시연(멘탈리허설)

③ 생각·행동을 장기기억으로 저장

: 심적 시연을 하면서 현실에서도 (의식적으로 어떤 경험을 반복하거나 격렬한 감정이 동반되는 경험을 반복해서) 생각한 것을 행동하여 장기기억에 저장한다.

⇒ 의식적·무의식적 과정에서, 생각을 바꾸고 행동을 하면서 습관은 재프로그래밍되어 새로운 습관(신경망은 재조직되고 활성화되어 새로운 신경망이 형성)이 형성되어 우리가 원하는 바를 무의식적으로 해낼 수 있게 된다.

2. 중독과 강박

〈사례 15. 강박, '씻기 중독'〉

혼자만의 공간에서 작업을 하는 전문직 내담자가 방문하였다.
일상에서 사람들이 있는 공간을 피하고 대중 시설을 이용하지 못하고 있었다.

주호소문제 및 증상유발 History

> 내담자 : 나는 공중화장실이나 일반 식당을 잘 이용하지 못해요. 뭔가 더럽고 불쾌한 게 팔에 닿은 것 같고, 닿을 것 같아서 싫어요. 몇 번씩 닦고 사용해도 불쾌한 느낌과 생각은 사라지지 않고 오염되었다는 생각이 자꾸 더 떠올라요.
>
> 사람하고 대화를 할 때도 거리를 두고 해요. 말하는 도중에 침이 튄 것 같아서 스트레스 받고 짜증 나요.
>
> 이렇게 일상에서 다양한 더러움, 오염에 노출되며 스트레스 속에서 하루하루를 보내요. 집에 가면 가장 안전하고 편안한 공간에서 쉬고 싶어서 입은 옷을 다 빨고 몸을 씻기 시작해요.

> 아무리 몸이 지치고 힘들어도 마음이 편해지고 싶어서 매일 반복해요. 가장 힘든 것은 샤워를 시작하면 멈추지 못하고 한 시간씩 할 때예요. '물이 손을 타고 흘러내릴 때 완전한 모양을 갖추고 뽀드득 소리'가 날 때까지 닦아야 '해냈다'라는 기분이 들면서 안심돼요. 이런 기분이 들지 않으면 완전히 만족될 때까지 닦게 돼요. 그래서 씻고 나면 손이 하얗게 되기도 해요.

내담자는 정서적으로 더러운 것과 오염에 대한 걱정과 불안이 높고, 관련된 침습적 사고이나 느낌에서 오는 강한 스트레스를 떨쳐 내기 위해 의식적 패턴을 반복하고 있었다.

강한 스트레스를 해소하기 위해 몰입하는 반복적 패턴은 습관으로 자리 잡게 되면서 그런 행동 없이는 살 수가 없는 상태가 돼 버리고, 끊임없이 계속 찾게 되는 의존상태가 된다. 본인의 의지로 조절할 수가 없게 되고 강한 스트레스를 해소하는 몰입에 중독되면서 강박 증상을 경험하고 있다.

- 관련 History -

초등학교 때 따돌림당한 이후에 위험요인을 피하려고 안심되는 행동을 찾아서 하기 시작했다. 대학 시절 공용 샤워실에서 혼자 씻을 때 아주 편안한 기분을 느꼈다. 사회생활을 하면서 인정과 성공을 위해 안심이 될 때까지 완전하게 일하는 습관이 생겼다.

심리치유 진행상황

1회기 : 심리 '분석 및 평가'(3시간)

    ① 주호소문제 '증상·원인 다차원 탐색, 증상 유발 History 탐색'(AK-Test 이상 없음)

    ② 욕구와 마음

2회기 : 심리치유 '마음변화'(Emotion E 깨기)(3시간)

    ① 심리치료 자원 및 방향(부정적 정서/제한적 신념, 긍정적 정서 찾기)

    ② '오염&두려움' 증상 관련 트라우마 치유

      - 팔 : 시간선치료™(팔과 연결된 부정적 정서 제거)

      - 침 : 혼란기법 → 침&설레임&좋은 것

3회기 : 심리치유 '생각변화', '행동변화'(ThinK-Body E 깨기)(3시간)

    ① 강박과 해소의 전략 파괴 : 전략 바꾸기 연쇄앵커링(NLP)

      - 연쇄앵커링(욕구 본능 충동 off '굳이 안 해도 돼')

        : 복잡·불편 생각 → 시원한 커피(K, V, 아이스 아메리카노) → 따뜻한 단맛 커피(K, V, 카라멜마끼아또) → 만족함·행복함 '해냈다'

      (시각 Visual, 청각 Auditory, 촉각 Kinesthetic)

    ② '강박적 사고와 해소의 중독 치유' : 마음치유(최면, 시간선치료™, 왕따, 전생경험, 분아통합 '완벽씨와 행복씨')

    ③ 아직 남아 있는 부분에 대한 심리치유(전생최면 포함)

    + 과제 : 의식 행동 없이 샤워하기(연쇄앵커링, 지하철 보내기, 대체 집중 행동, 습관 변화 '불편감 다루기')

4회기 : 종결상담(1시간)

① '평가 및 보완'
    - 3회기 내담자 전략 분석
- Domino Interrupt 앵커링 : Trance State를 활용한 이완상태 활용(이완/부교감신경의 활성화로 깨기)
- 연쇄앵커링 : 복잡·불편 생각 → 시원한 커피 → 따뜻한 단맛 커피 → 만족함·행복함 '해냈다'
- 중독 감각 하위양식 변화 : 중독된 의식행동의 하위양식을 바꿈으로써 중독적 행위를 싫어지게 만든다.
    A '뽀드득' ⇒ 혐오화 소리(예, 유리 긁는 소리)
    V '물이 손을 흘러내릴 때 완전한 모양' ⇒ 혐오화 모양(예, 지렁이)
- EFT E깨기 & TAT 충전하기 : 의식적 행동의 '의식' 깨기
- 습관 바꾸기 Process
    - '낯설고 익숙하지 않은' 불편감을 받아들이고 수용하기
    - 묵묵히 그냥 하는 선택적 집중과 행동으로 흘려보내기
    - 습관 바꾸기(처치 A-B-C) 중 셀프코칭 'TE focusig 분산' : 인지행동치료 '오류 메시지 - 전략', 원리 이해와 트레이닝
    (생각 전략 바꾸기 4단계)
    + 5-9회기(10H) 추가진행 : '습관 바꾸기(처치 A-B-C) 중 B-C 보완 진행'

5회기 : '오류 메시지 - 전략', Think·Emotion State Overlap
6회기 ① Secondary Gain, Double Binding 확인 및 처치('비효율적인 올가미 포기' ∵이득 vs 자기 자신 파괴)
    - 불안(뒤처지지 않으려는 마음) vs 인정(잘나고 싶은 마음)

- 자아 : 용쓰는 완벽주의자

② 중독(고착) 감각 변화 - Visual Squash(손바닥 비비기)

   A '뽀드득' ⇒ 혐오화 소리(예, 유리 긁는 소리)

   V '물이 손을 흘러내릴 때 완전한 모양' ⇒ 혐오화 모양(예, 지렁이)

⇓

   A : '끼익'(하드 빨대를 이빨로 끄는 소리)

   V : 아이스바 막대를 이빨로 끌 때의 골짜기 같은 V 모양

   + 혼란기법 : 뽀드득+끼익, 뽀끼드익득

7회기 ① 분아(용쓰는 자아의 통합과 성장) 점검

② '인지기준·해소감각'에 의한 강박 Process : 불편한 생각·느낌↑ → (강박의 해소 행동) → 만족감·행복·안정 → 몸이 힘듦

8회기 ① S-R Process 그리기 & 이해 및 통찰

- 자극에 의한 '(Base on 자아) 정서반응·인지기준반응'에 의한 중독 메커니즘 : 외부 자극 → 내부 Process(자아, 분아) → 내부 반응 → 외부의 증상·행동 Process

② Domino Interrupt with 붕괴앵커링

- 변화 전략 : Missing(24 Cutting) → Discover(복원) → 활용, 변경(Change Design)

③ 자기수용 & 자기강화 : EFT(even though…)

④ 자기정화 : 안희태 박사의 자기최면(⊃ 자기암시) 7단계 + 자기암시

9회기 : 제한적 신념 제거 시간치료™, 분아의 갈등해결과 통합 그리고 성장(완전이 vs 편안이)

2주 후

내담자 : 아직 조금 불편해요.
상담자 : 얼마나?
내담자 : 5% 남았어요.
상담자 : 일상을 살아가면서 스스로 채워질 겁니다.

한 달 후, 카톡으로 '좋아져서 잘 살고 있다'고 전해 왔다. 선택할 의지로 자기조절을 진행하는 동안 무의식에 프로그래밍 된 새로운 습관들이 온전히 기능하면서 새로운 습관과 정체성으로 이어지고 있었다.

중독과 강박

몰입에 의한 중독과 강박현상 이해 (강박·해소, 중독)

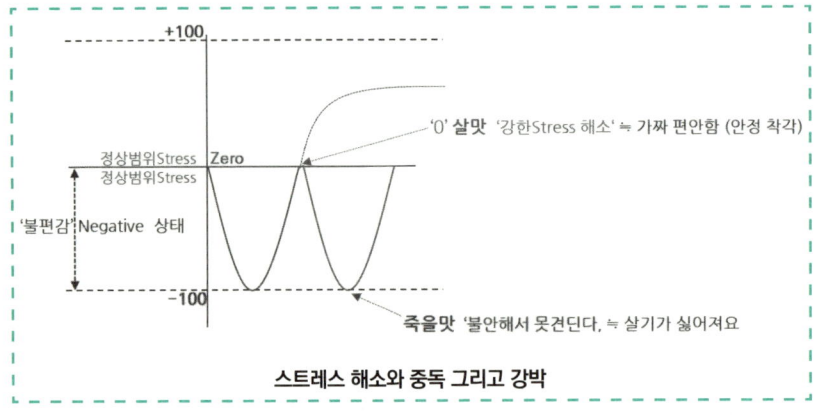

스트레스 해소와 중독 그리고 강박

> 강한 스트레스 상태에서 '-100의 기분'을 느낀다고 할 때, 해소의 표현(행동)을 통해서 '0(zero 상태)'의 상태가 되지만 '나는 살맛 나는 것이다'. 그리고 이러한 현상(경험)에 반복적으로 몰입되면서 습관에서 중독이 되고 강박으로 이어진다.
>
> - 침습적 자극에 의해 자기도 모르게 몰입하게 되고. 의식으로 통제할 수 없는 상태가 된다.
> - 몰입해서 중독되면 중독에 강박이 따라온다. 못 견디게 되는 것이다.
>
> 출처 : [유튜브] 한국심리교육원, "중독의 위험성, 중독의 원리와 치료(중독치료가 어려운 이유)", www.youtube.com/watch?v=XOvlQpvoVD4

사고 중심 유형의 사람들과 기질적 위험 회피를 추구하는 사람들은 일상에서 과거의 일로 후회하고 미래의 일을 걱정하는 과집중·과반응 상태로, 자기 파괴적이고 부정적으로 반복되는 고민과 비합리적인 생각에서 벗어나지 못해서 강한 불안과 스트레스를 경험하기도 한다.

그리고 강한 스트레스·상처를 처리하고 자신을 보호하기 위해 해소의 과정을 거치며 자신의 안정된 상태를 유지하려고 한다. 그러나 이러한 과정에서 스트레스가 발생하고 다시 해소의 과정이 반복되며 습관화로 진행된다.

강박장애는 부정 인식 스트레스에 의한 침습된 불안감을 사라지게 하려고 불안 상태와 해소 상태(편안함, 살 것 같은) 즉 고통과 편안함을 계속해서 반복적으로 넘나들고 있다.

자극에 의한 몰입과 중독 메커니즘

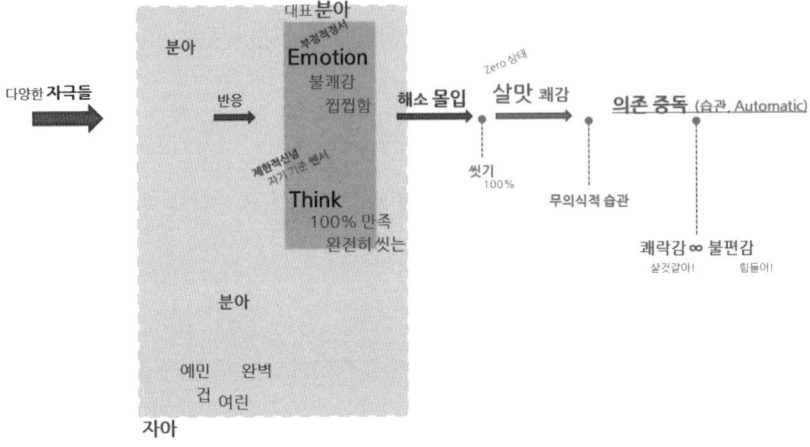

다양한 외부 자극에 의해서 분아들이 다양한 프로세스로 작동한다. 특정한 스트레스 상황에서 생성된 '불쾌감·찝찝함' 분아가 대표 분아가 되어 현재의 상태를 벗어나고자 몰입하고 스트레스를 해소하는 과정에서 '살맛 나는 쾌감'을 경험하게 된다.

이러한 불편감과 쾌락감의 반복적 패턴은 무의식적 습관으로 강화되고 중독적 상태로 이어지면서 자신에 대한 통제력을 상실하게 된다.

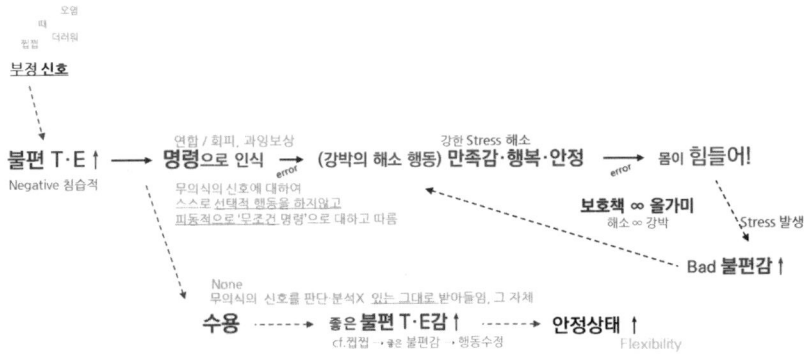

중독적 행동·습관 바꾸기

A-1. NLP & Hypnosis & Energy Therapy

▷ 제한적 신념(결심·기준·Energy) 변화 등

: 이차적 이득(SG), 이중구속(DB) : AK-Test, 이중구속과 이차적 이득의 비효율 상담

1. Energy 허물기(혼란기법 with 잼잼) / Energy 깨기(EFT)
2. 자기수용, 자기강화 : EFT(even though…)(⊃ 자기최면, Trance), TAT
3. NLP&최면적치료 : 불안 공포 및 트라우마 등의 부정적 정서 치유 + 닮고 싶은 모델링/권위자 등장
4. 시간선치료™ : 제한적 신념(결심) 및 부정적 정서 제거(⊃ 전생최면)
5. 분아 Trance Therapy '긍정의도', '6단계 관점 바꾸기'

   (무의식 Process 변화 : 분아(무의식, E) 치유·'갈등해소·통합'·성장/시간선변화(내재·통화형))

   - 분아(무의식, E) 치유(내적어린이자아, SG)
   - 분아통합(완전히-대강이, SG)
   - 분아성장(책임 있는 분아 vs 창조적 변화, 분아 간 코칭 및 '문제행동 to 대안행동 제안' 그리고 시뮬레이션)
6. Mind Virus Therapy
7. 미래보기 '변화상태 확인 및 강화작업 시뮬레이션'
8. 현실적용 '변화상태 확인 및 강화작업'

A-2. NLP '강박 해소경험·감각변화'

1. 연쇄/붕괴 앵커링

2. 변화전략 with Domino Interrupt Ankering

3. 하위양식변화 with Visual squash

- B-1. 습관 바꾸기 셀프코칭 'TE Foucsing 분산'
    1. 침습적 '사고·정서·행동'을 인지하는 순간에 상태파괴 진행하여 '새로운 습관' 형성
    2. 새로운 가치관 생성 및 강박적 행동 등 소거
    ▷ '오류 메시지 - 전략', 원리 이해와 트레이닝
        - 생각·정서·행동 습관 바꾸기 4단계

    (제프리 슈워츠 박사의 강박장애 치료를 위한 생각 '바꾸기 4단계 전략'[108] 변형)

    ① Re-Label '알아차림' TE

    ② → ③

    ② Re-Frame '새로운 틀에 끼우다'(새로운 이름을 붙인다, '뇌의 오류메세지')

    ③ Re-Focus '새로운 곳에 집중'(Focusing 분리 및 대체행동)

    ④ Re-Value '새로운 가치관 형성'(점점 연속적으로 이어지고 강화되면서 새로운 습관 형성)

    ▷ TE Focusing(custom) 벗어나기
        : 경계선 & 대안행동 & Other Focusing & 심신안정상태 유지

---

108. [용어 정리] 4단계 두뇌 훈련법(4 steps to changing your brain for good [Jeffrey Schwartz])
: ReLabel('강박 생각' 라벨 붙이기) → ReFrame('뇌 오류 메시지'라고 이름을 다시 붙인다) → ReFocus(새로운 것에 집중) → ReValue(새로운 가치를 만들다)
〈참고〉 JEFFREY SCHWARTZ, https ://www.youtube.com/watch?v=kuABDAAns7w

▷ TE 지하철(구름) 보내기 : 선택 & 흘려보내기

▷ 2 TE State Overlap : 혼란상태 수용 & 흘려보내기 & 상태전환 (⊃ Rader 습관 바꾸기)

▷ Self-Trainning with Trance State(자기이완, 의식상태&최면상태)
 - 자기최면 7단계(⊃ 트랜스 상태·긍정적 자기암시, 안희태 박사)
 - 자기 정화·긍정적자기암시·분아통합
 - 시뮬레이션 강화

+ 'Check List working' 성향에 대한 습관·성격 바꾸기

B-2. 습관 바꾸기 셀프코칭 'T 유형'

: 자극(S)에 대한 '부정적 인지도식 변화'를 통한 반응(R) 변화(예, 깔끔, 결벽)

▷ 'Negative Thinking Porcess Down 전략'(T오류로 인한 격한 정서반응 Down 4단계)

① 추상화된 '개념'을 구체화한다.

② (Filter가 '일반화/왜곡/생략'으로 정서가 ↑ 전에 '질문&듣기'를 통해) '판단-결정 논리적 과정'을 정확하게 한다. (습관화된 정서반응 Down)

③ '수용·지지 긍정화 + 행복상태'를 통한 Negative Emotion Down → Negative Thinking Down
(예, 엄마 손이 더러워, 비록 엄마가 손을 안 닦을지라도 괜찮아, 심호흡 …지라도 괜찮아, 심호흡 …지라도 괜찮아 + 귀여운 모습(엄마와 함께 즐겁던 모습))

④ Visual Squash : ③에 추가하여, 부정상태와 긍정상태를 혼합

하여 중화, 그리고 코미디적 요소로 긍정상태 추가
▷ Self-Trainning with 'Negative Thinking Process Down 4' :
시뮬레이션 강화

+ 심리치유 Threapy add '변화'
+ 심리치유 Threapy add '무의식 Process 변화'

3. 주로 사용된 NLP 기법[109]

연합·분리

심리적 어려움(ex. 알레르기, 공포, 불안, 중독 등)을 호소하는 연합(association)에서 쉽고 간단하게 벗어날 수 있는 NLP 원리이자 방법이 '분리(dissociation)'이다.

연합은 (가까이 가고 그 속으로 들어가) '몰입하는 것'이고 '서로 연결하는 것'이고, 분리는 (더 멀리 더 작게) '떨어지는/작아지는 것'이다.

연합은 어떤 감정에 빠지고 감정에 영향을 받아서 감정에 동요하는 민감 상태가 되는 것이고 분리는 그 감정에서 벗어나는 탈감상태가 된다.

긍정적인 것, 기분 좋은 것, 행복감 등을 끌어들일 때는 연합의 원리를 사용하고 안 좋은 기억과 경험, 스트레스 상황이 있을 때는 분리의 원리를 사용하여 우리의 마음 상태를 원하는 방향으로 조절할 수 있다.

---

109. Certified Master Practitioner of Neuro-Linguistic Programming, Dr Seol's Mind Institute, 2017

[참고] 연합과 분리의 3가지 입장

(영화관 안을 예시로 들었을 경우)

1차적 입장 : 주인공

2차적 입장 : 관객

3차적 입장 : 영사기사

[참고] 관점 전환법(Perceptual Positions)

1차적 관점 : 자기 눈으로 직접 조망하는 것

2차적 관점 : 타인(특히 사건에 개입된 의미 있는 타인)의 눈으로 조망하는 것

3차적 관점 : 분리된 시각으로 전체 상황을 관조하는 것

연합과 분리

1. 상태 이끌어 내기(State Elicitation)
    - 자연적 발생 상태 (지금 행복할 당시 활용)
    - 과거의 경험했던 생생한, 고도로 연합된 상태 (과거의 경험(기억)을 떠올려서 활용)
    - 구성된 상태 (상상을 통하여 생생하게 만들어서 활용)

2. 연합
    - 앵커링 : 몰입하고 싶은 특정 상태를 떠올리고 신체의 특정 동작(부위, 상태)에 연결시킨다.

예) 최고로 행복한 축제 장면 속에서 엄지-검지 앵커링을 한다. ⇒ 심호

흡하면서 엄지-검지 앵커링을 하게 되면, 갑자기 기분 좋았던 장면, 행복했던 장면이 '확~ 떠오르면서 몰입되고 행복해지는 상태'에 머물게 된다.

⇒ [참고] 앵커링(Anchoring)

3. 분리 : 공중분리/거리분리
   - 관점을 변화시키는 것, 즉 특정의 내적 표상체계를 분리된 위치에서 초연하게 조망하는 것
   - 떨어져서, 더 멀리 떨어져서 보는 것
   - 분리해서 '마치 높은 곳에서/먼 곳에서' 내려다보는 것 같은 상태가 되면서 부정적 정서가 떨어져 나가게 되고 문제 상황을 담담하게 바라볼 수 있게 된다.
   • 공중분리(수직적 분리)
     : 부정적인 경험, 부정적인 감정, 부정적인 기억들은 '분리'

예) 비행기 높이로 올라간다 → 그 상공에서 속상해하는 나를 내려다본다 → 비행기 높이 10배로 올라간다 → 지구 대기권을 밖으로 올라간다 → 지구를 바라본다. 작은 공처럼 보이는 지구를 바라본다 → 더 높이 올라 지구가 점처럼 보일 때까지 올라간다 → 지구조차도 아무것도 안 보이고 그냥 우주공간에서 별들만 총총히 빛나는 그런 장면을 바라본다 ⇒ 이런 이미지 형상화가 제대로 된다면, 이미 나는 완벽한 탈감(Desensitization)이 된 상태이기 때문에 부정적 감정이나 기분은 이미 나한테서 떨어져 나가 버린 상태가 된다.

- 거리분리(수평적 분리)
  : 거리를 앞에서 점점 떨어져서 보는 방식으로 공중분리 기법과 같은 원리

예) 극장 관람석에서 바라보기, 100m 뒤에서 보기, 200m 뒤에서 보기…

4. 시간선 분리
   - 개인의 잠재의식 속에서 그려지는 과거-현재-미래를 잇는 시간선을 활용하여 시간분리·공간분리·공중분리·거리분리의 총체적 작업
   - 부정적 정서 및 제한적 신념의 문제를 해결하는 데 효과적
   - 시간선치료™에서 다루는 급속 공포제거와 같이 부정적인 정서를 털어 내는 방법으로 활용될 수 있다.

앵커링(Anchoring)

앵커(Anchor)란 마음의 자원에 접목해 일관된 정서적 반응을 불러일으키는 감각적 자극(신호)을 말하며, 그것을 조건 형성하는 것을 앵커링 또는 닻 내리기(Ahchoring)라고 한다.

즉, 특정한 신호(같은 지점·압력·세기의 감각적 자극)를 통하여 특정 정서 경험에 연합하는 것으로, 긍정적/부정적 상태를 불러일으켜 자신의 내면의 상태를 조정할 수 있다.

치유현장에서 초조나 불안, 실망감, 좌절감, 분노감 등의 부정적 정서

를 안정감, 행복감, 성취감, 만족감, 자신감 등의 긍정적 정서 상태로 바꾸기 위해 사용한다. (예, 엄지-검지 앵커링)

- 자원 앵커링 과정 -

① 눈을 감고 심호흡을 3회 하고 몸과 마음을 이완시키면서 과거의 긍정적 경험을 생생하게 떠올리거나 즐겁고 행복한 장면을 생생하게 상상하고 느낀다.
② 충분한 연합이 이루어지고 (점점 기분이 좋아져서) 절정 경험의 순간에 특정한 자극(엄지-검지 붙이기)을 적용함으로써 앵커링 시도한다.
③ 긍정적 감정을 충분히 느낀 다음 손가락을 떼면서 앵커링 상태를 해제한다.
(①~③을 여러 번 반복)
④ 내 기분이 우울하거나 긴장될 때 행복감이나 자신감이 필요한 상황에서 앵커링을 하는 순간 앵커링된 긍정적 정서 상태를 재경험하게 되면서 내 마음이 긍정적 정서에 연합된다.

- 용도에 따른 구분 -

1. 자원 앵커링 : 긍정적 상태를 불러일으키는 앵커링(긍정 앵커링)
2. 누적 앵커링
    - 같은 지점에서 적용하는 유사한 여러 형태의 앵커링들(누적 닻 내

리기)
- 비슷한 성격을 갖는 여러 가지의 상태들을 유도하고 그들을 모두 같은 지점에 앵커링한다.

3. 붕괴 앵커링
- 긍정 앵커링(+)과 부정 앵커링(-)을 동시에 들어가서 5초가 머문다.
- 내면의 혼란 상태를 지나 원래의 부정적인 감정들이 희석된다.

4. 연쇄 앵커링 : 긍정적 상태 조성을 위한 다수의 바람직한 자원을 유도하는 앵커들을 연속적으로 내리기(연쇄 닻 내리기)

예) ① 분노 → ② 신경질 → ③ 언짢음 → ④ 편안함
① 복잡·불편 → ② 시원한 커피 → ③ 따뜻한 단맛 커피 → ④ 만족함·행복함

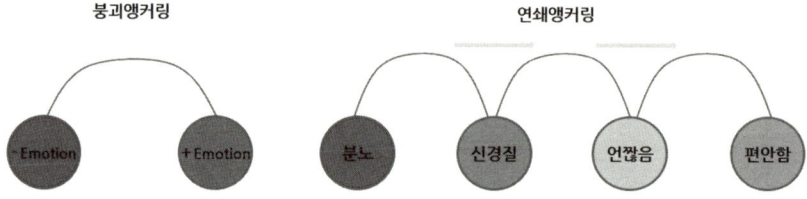

Domino Interrupt

중독적 해소과정의 연결고리를 끊어 버리는 전략적 방법으로 끌어당기는 욕구·충동·본능의 동력 자체를 소멸시킨다.

예) Domino Interrupt with 붕괴앵커링 / 상태전환 Shift 등

침습적 불편 T·E - 강박·해소 - 중독 Process

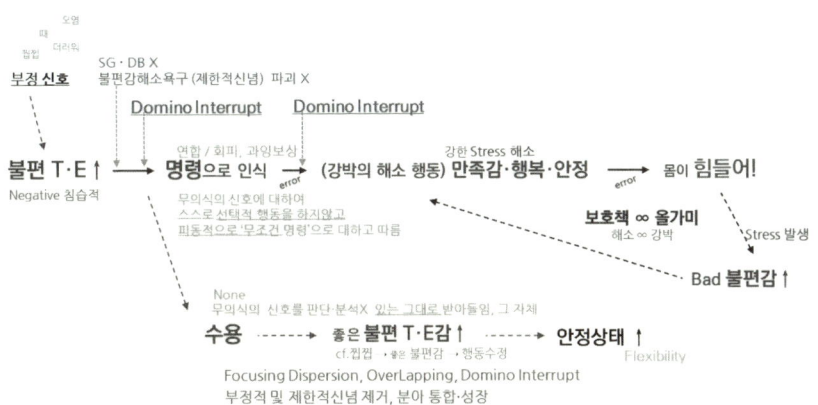

하위양식 변화기법

하위양식이란 다섯 가지 감각인 시각·청각·촉각·미각·후각의 감각 양식을 구성하는 하위요소로 하위감각(submodality)인 세부 감각을 의미한다.

세부 감각은 '모양, 크기, 밝기, 색깔(컬러, 명암), 위치와 거리, 움직임(정지와 동영상) 등'의 시각적 요소와 '소리 크기, 고저, 내부와 외부, 소리 방향, 부드러움 정도, 빠르기, 톤 등'의 청각적 요소, '온도, 느낌, 바라본 내 마음, 몸의 감각 등'의 촉각적인 요소로 구성되어 있다.

모든 내적표성(IR)은 하위양식으로 이루어졌으며 현실(Reality)도 하위양식으로 되어 있다. 어떤 IR이든 특정적인 표상 체계와 그에 따른 하위양식이 있는데, 그것을 드라이버(driver)라고 한다. 그러므로 하위양식인 드라이버가 바뀐다면 세상이 달리 보인다는 것이다.[110]

---

110. [도서] 현용수·신대정·김문자, 《명상심리상담전략》, 행복한마음, 2023. 中 제2부 'NLP와 변화심리학 (신대정)'

1. 대조분석법

    : 서로 다른 두 가지 대상물이나 경험의 하위양식을 대조하여 비교 분석함으로써 그 둘이 서로 다름을 보여 주거나 알 수 있게 하여 결정적으로 차이 나는 하위양식 즉 결정요인(drive)을 찾아내는 것을 말한다.

예) 커피와 간장, 빵과 똥

2. 비교수정법

    : 대조분석법을 통하여 결정요인을 찾아내고 한 대상의 내적 표상체계(IR)의 하위양식 차원을 다른 대상물의 하위양식 차원으로 바꾸는 기법을 말한다(대조 분석을 통하여 하위양식인 드라이버를 원하는 것으로 교체하여 IR을 바꾸는 방법).

예) 커피(좋아하는 식품)의 하위양식을 간장(싫어하는 식품)의 하위양식으로 바꾸게 되면 커피를 좋아하지 않게 된다.

[설명]
- 간장 : '검은색, 짠맛, 쿠쿠한 냄새'
- 커피 : '검은색, 구수한 맛, 향긋한 냄새'

⇒ 시연 : 눈을 감고 심호흡을 3번 한 이완 상태에서, 간장을 떠올린다. 이번에는 커피를 떠올린다.
  그리고 손뼉을 치며 커피의 '구수한 맛'을 간장의 '짠맛'으로 바꾼다. 다시 손뼉을 치는 순간 커피의 '향긋한 냄새'를 간장의 '쿠쿠한 냄새'로 바꾼다. 결과를 확인하면서 반복 강화한다.

3. 하위양식 신념변화 기법(Submodalities Belief Change)
: 자신의 발전을 저해하는 파괴적인 신념인 제한적 신념을, 자신에게 힘을 주는 긍정적 신념인 활성 신념으로 변화시키고자 하는 기법

[설명]

① 제한적 신념 확인(하위양식 #1)

상담사 : 당신의 성장에 방해가 되는 제한적 믿음(신념) 그것이 있다면 무엇일까요? 그 신념을 영상이나 이미지로 떠올려 보세요!

(떠오르는 심상을 확인)

예) '완벽하게 해야 해!'

② 과거에는 사실이었으나 더는 사실이 아닌 것 확인하기(하위양식 #2, '말도 안 돼!')

상담사 : 과거에는 맞는다고 생각하거나 사실이라고 믿었지만, 지금은 더 이상 그렇게 여기지 않는 것이 있다면 그것은 무엇인가요? 그 대상을 심상으로 떠올려 보세요.

예) 과거에 '담배는 맛있다' / 현재는 '담배는 안 좋다'

③ 하위양식 바꾸기(하위양식 #2 → #1)
: ①에서 떠오른 심상의 하위양식과 ②에서 떠오른 하위양식을 비교하여 결정요인을 찾아서 바꾼다. (하위양식인 드라이버를 원하는 것으로 교체하여 IR을 바꾼다.)

ref. 하위양식 비교수정법

상담사 : ①의 제한적 신념 '완벽하게 해야 해!'를 말해 보세요. 느껴 보세요. 심상으로 떠올려 보세요. 그대로인가요? 아니면 예전과 다르게 불편하게 느껴지나요?

(그대로 느껴진다면 ①~③번 반복)

설명) 변화된 신념 '담배는 안 좋다'
→ 제한적 신념 '완벽하게 해야 해!'

④ 절대적인 사실에 관한 신념(보편적 신념) 확인하기(하위양식 #3, '당연하지!')

상담사 : 당신이 믿은 절대적 사실이 있다면, 말하면서 생각하고 느껴 보세요. 그것을 영상이나 이미지로 떠올려 보세요!

(떠오르는 심상을 확인)

예) 태양은 동쪽에서 떠오른다.

⑤ 새로운 활성신념 찾기(하위양식 #4, 긍정신념)

상담사 : ①의 제한적 신념과 반대되는 갖고 싶은 긍정적 신념을 생각하고 마음에서 떠올려 보세요.

예) '적당히 하는 게 좋다!'

⑥ 하위양식 바꾸기(하위양식 #4 → #5)
: ④에서 떠오른 심상의 하위양식과 ⑤에서 떠오른 하위양식을 비교하여 결정요인을 찾아서 바꾼다.
ref. 하위양식 비교수정법

상담사 : ⑤의 갖고 싶은 긍정적 신념 '적당히 하는 게 좋다!'를 말해 보세요. 느껴 보세요. 심상으로 떠올려 보세요. 그대로인가요? 아니면 예전과 다르게 더 편하게 당당하게 느껴지나요?

(그대로 느껴진다면 ⑤~⑥번 반복)

설명) 절대적 신념 '태양은 동쪽에서 떠오른다'
→ 긍정적 신념 '적당히 하는 게 좋다!'

⑦ 하위양식 바꾸기(하위양식 #5 → #1)

상담사 : '완벽하게 해야 해!' 심상을 떠올리세요. '적당히 하는 게 좋다!' 심상을 떠올리세요. 떠오른 두 개의 심상에 대한 하위양식을 비교하여 결정요인을 찾아서 한 번에 하나씩 바꿉니다.

(하위양식인 드라이버를 원하는 것으로 교체하여 IR을 바꾼다)

설명) '적당히 하는 게 좋다!'

→ '완벽하게 해야 해!' 심상을 떠올리세요.

⑧ 결과 확인, 반복 강화

상담사 : '적당히 하는 게 좋다!' 말해 보세요. 느껴 보세요. 그대로인가요? 아니면 예전과 다르게 더 편하게 안정되게 느껴지나요?

(그대로 느껴진다면 ⑦번 반복)

휘익기법(Swish Patterns)

마음에 들지 않는 습관이나 행동반응을 없애고자 할 때 효과적인 기법으로, 한 대상물의 내적 표상체계(IR) 또는 그림을 다른 대상물로 대체하는 것을 말한다.

① 눈을 감고 심호흡 3회, 이완 상태
② 문제 상황(A)을 오감적 차원에서 생생하게 상상하고 연합
③ 대체 상황(B)을 생각하고 하위양식을 동원하여 (오감적 차원에서) 생생하게 상상하고 연합
④ A 상황을 떠올리고 아주 큰 컬러 사진으로 만들어 그 속으로 들어가서 충분히 연합
⑤ 이상적인 B 상황을 아주 작은 흑백 사진으로 축소하여 A 사진의 왼쪽 아래 구석에 놓는다.
⑥ A 사진을 바라보는 상태에서 '휘-익' 하는 소리와 함께 두 손바닥을 털어 내듯이 비벼 쳐올릴 때 순간적으로 아주 빠른 속도로 B 사진이 커지면서 A 사진을 산산이 찢어 없애 버리고 점점 더 확대되어 온 주변을 가득 채운다.
⑦ 그 속으로 들어가면서 커지고 오감적 차원에서 생생하게 느끼고 경험한다.
⑧ 결과를 확인하면서 반복 강화한다.

손바닥 비비기(Visual Squash)

중독적 욕구나 습관을 제거하기 위해 사용하며, 제거하고 싶은 습관적 행동을 혐오 감각의 앵커링을 이용하여 없애는 기법.

예) 빵 중독

(오른손잡이 기준)
① 오른손 위에 제거를 원하는 습관적 행동을 오감의 감각으로 충분히 느끼게 한다. (+연합)
〈상태 깨기 질문〉 오늘은 며칠입니까?)
② 왼손 위에는 혐오 대상 3~5가지를 올려놓고 오감 감각으로 충분히 느끼게 한다. (-연합)
〈상태 깨기 질문〉 어제는 며칠입니까?)
③ 왼손을 아래에 놓고 오른손을 위로한 채로 비비기 시작한다. 양손에 있는 심상들이 비벼지면서 섞이는 장면을 떠올리면서 바라본다.
④ 결과를 확인하면서 ①~③을 반복하면서 강화한다.

6단계 관점 바꾸기(Six-Step Reframe)

NLP 전제조건 중 '모든 행동은 긍정적 의도에서 나온다'에 근거를 두고, 문제행동이나 증상을 일으키는 긍정적 의도를 활용하여 변화가 이루어지도록 하는 기법.

트랜스 상태(Trance State)에서 문제행동에 책임이 있는 분아(分我, Part)의 긍정적 의도와 새로운 대안 행동에 책임이 있는 창조적 분아의 대안적 행동을 찾음으로써, 효율적인 새로운 선택을 할 수 있게 된다.

트랜스 상태(Trance State)에서 문제행동에 책임이 있는 분아의 긍정적 의도를 수용하고 감사하면서, 새로운 대안 행동에 책임이 있는 창조적 분아가 새로운 대안을 제시하도록 한다. 그리고 두 분아의 합의를 거쳐 새로운 대안 행동을 선택할 수 있게 된다. (NLP, '무의식은 여러 가지 내적 자아인 분아들로 이루어졌고, 각 분아들마다 생각에 대한 책임이 있다')

① 무의식과 라포형성 시도
: 무의식과 서로 이야기를 할 수 있는지 물어본다.
② 라포형성 확인과 이름 짓기
: 바꾸고 싶은 행동의 분아 이름 짓기(책임분아, ○○분아), 분아와 이야기하기
③ 부수적 이득의 확인과 감사
: 이차적 이득에 감사하는 말을 하고 새로운 선택에 도움을 줄 것을 요청(의도와 행동을 분리)
④ 새로운 선택 창조하기

: 창조 분아 쪽으로 X분아를 데려가, 두 분아가 협조하여 지금과 같거나 지금보다 더 이득을 줄 추가적 행동 세 가지를 선택하도록 한다.
⑤ 생태점검(Ecology Check) 또는 일관성 체크(Congruence Check)
: 세 가지 대안 선택에 반대하는 분아가 있는지 점검
⑥ 미래보기(Future Pacing)와 테스트
: 미래에서 새로운 선택이 일상적 의식과 각 분야에서 조화와 치유가 잘되어 생활하고 있는지 확인

〈사례 조각 6. 씻기 중독 中〉

(건강하고 행복하게 뛰놀던 그런 기분 좋은 세상에서의 '안정감 엄지-검지 앵커링'을 미리 만들어 놓는다.)

트랜스 상태(Trance State)에서

상담사: 홍길동 씨, 저는 씻기 중독에 책임이 있는 당신의 무의식의 분아에게 지금 손가락 신호를 통해 저와 의사소통할 수 있을지 물어보고 싶습니다.
'예'이면 오른쪽 엄지손가락으로 움직여 주세요.
'아니요'면 검지로 반응을 보여 주세요.
내담자(책임 분아): ('예' 반응)
상담사: 먼저 신호(반응)를 보여 주었음에 대해서 감사합니다. 그리고 무의식의 분아인 당신을 이제 '깔끔씨'라고 부르겠는데 허락하겠습니까?
내담자(깔끔씨): ('예' 반응)

상담사 : '깔끔씨', 당신은 홍길동 씨를 위해 일하고 있을 거예요. 그런가요?

내담자(깔끔씨) : ('예' 반응)

상담사 : 열심히 씻게 하는 것 또한 이분을 위해서 일하는 거잖아요. 그렇죠.

내담자(깔끔씨) : ('예' 반응)

상담사 : 어떤 도움을 주기 위해서, 또는 어떤 이득을 주기 위해서 일하고 있습니까?

내담자(깔끔씨) : 얘가, 어릴 때부터 몸이 자주 아파서 힘들어해, 내가 이런 상황으로부터 지켜 주려고 완전히 깨끗이 치우고 있습니다.

상담사 : 아, 당신은 안전하게 건강하게 지켜 주고 싶은 마음이군요. 고맙습니다. 홍길동 씨가 안전하게 건강하게 살게 열심히 돕고 계셔서 감사드립니다. 홍길동 씨, '감사하고 고맙다'고 마음 전해 주세요.

내담자(홍길동) : 고맙습니다. 나를 위해 애써 주셔서 감사합니다.

상담사 : 깔끔씨, 홍길동 씨의 안전과 건강을 위해 도움이 되는 방향으로 행동하고 그에게 도움(이득)이 되었음을 인정하고 감사합니다. 근데, 홍길동 씨가 너무 힘들어합니다. 일상을 살아가는데 깔끔씨 행동이 지나쳐 스트레스 받고 소진되어 버립니다.

이제, 홍길동 씨를 위해 그가 더욱 효율적인 새로운 선택을 할 수 있도록 도움을 주고자 하니 협조해 주시기 바랍니다. 협조해 주실 수 있죠?

내담자(홍길동) : 네

상담사 : 홍길동 씨, 당신은 새로운 대안 행동을 창조하는 일에 책임이 있는 창조적 분야 쪽으로 깔끔씨를 데려가서 서로 인사를 나누세요.

(중략)
(새로운 창조적 분야의 이름을 '적당씨'로 짓는다.)

상담자 : 홍길동 씨, 두 개의 분아로 하여금 당신에게 지금까지와 꼭 같은 정도 또는 그 이상으로 이득을 줄 추가적인 행동 세 가지를 선택할 수 있도록 하겠습니까?

내담자(홍길동) : 네.

상담자 : 적당씨, 깔끔씨가 '완전하게 안전하게 건강하게 지켜 주고 싶은 마음'이래요. 그래서 완전히 깔끔하게 말고, 안전하고 편안하게 건강을 지키고 보호해 줄 수 있는 방법 3가지를 제안해 주세요.

내담자(적당씨) : 하나, 보기에 괜찮을 정도만 닦자. 둘, 불편한 마음이 들 때 편안한 마음을 갖는 습관을 갖자.

(중략)

내담자(깔끔씨) : 적당씨가, 제안한 3가지를 시뮬레이션해 볼게요. 심호흡하고 시작합니다. (with '안정감 엄지-검지 앵커링')

상담자 : 혹시 3가지 중에 일부라도 불편하거나 거부하고 싶은 마음이 있는지 있나요?

내담자(깔끔씨) : ('아니요' 반응)

상담자 : 홍길동 씨, 이제 당신 속으로 들어가서 이러한 추가적 선택을 취하는 것에 대해서 반발할지도 모르는 내부의 반대하는 분아가 존재하는지 체크하세요.

(분아 간 협의 과정을 반복하면서 적당씨, 깔끔씨, 반대 분아들이 모두가 동의할 수 있는 추가적인 선택을 하도록 한다.)

(중략)

(상담자의 지시로 홍길동 씨가 분아들을 설득하는 과정)

내담자(홍길동) : 깔끔씨, 당신은 원래 나입니다. 이제, 또 다른 나인 적당씨와 하나 되어 내 안에서 함께하고 싶습니다. 동의하세요.

내담자(깔끔씨) : ('예' 반응)

상담자 : 홍길동 씨, 깔끔씨를 바라보세요, 적당씨를 바라보세요. (심호흡, 숨을 쭉 들이마시면서) 두 분아가 하나가 되는 장면을 바라봅니다. 점점 하나로 합쳐집니다. 그리고 내 안에 편안한 건강한 마음을 받아들입니다.

(미래보기와 테스트)

상담자 : 홍길동 씨, 하루도 미래, 일주일도 미래, 한 달도 미래입니다. 이제 당신은 가까운 미래입니다. 샤워실입니다. 어떻게 하고 있나요.

내담자 : 그냥 씻어요.

상담자 : 만족할 때까지 못 나오고 힘들어하면서 씻고 있나요?

내담자 : 아닙니다. 그냥 씻고 나옵니다.

상담자 : 기분은 어떤가요, 불편하거나 찝찝한 마음 있나요?

내담자 : 괜찮습니다.

상담자 : 네, 좋습니다. 잠시 후, 하나, 둘, 셋을 세면 건강하고 행복하게 뛰놀던 그런 기분 좋은 세상의 '안정감'을 느끼며 깨어납니다.

시간선치료(Time Line Therapy)[111]

시간선치료™는 1980년 미국 테드 제임스(Tad James) 박사가 개발하였다. 최면치료와 NLP기법으로 발전되었으며 과거-현재-미래를 잇는 시간선(Time line)을 활용하여 치료적 작업을 한다.

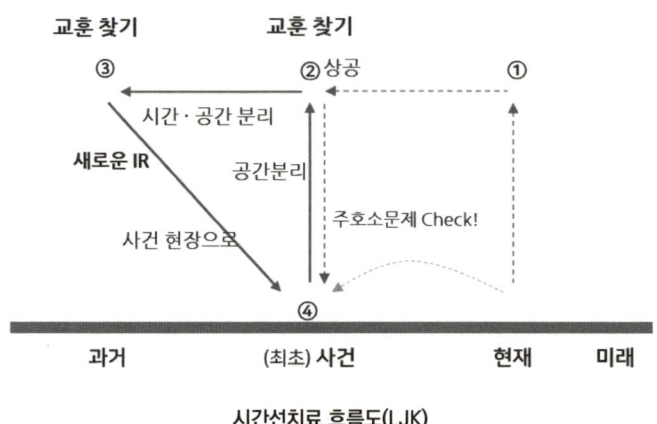

시간선치료 흐름도(LJK)

1. 해결할 과제 찾기
   : 주호소문제인 부정적 신념이나 제한적 정서를 확인한다.
2. 시간선 찾기 - 트랜스 상태(Trance State)
   : 과거-현재-미래의 떠오르는 선을 따라, 현재의 수직 상공 ①번 위치, 최초의 사건(④번 위치)에서 수직이 되는 곳 ②번 위치, 사건이 일어나기 전의 과거 ③번 위치 설정
3. 최초 사건 알아내기
   - ①번 위치 → ②번 위치 → ④번 위치로 내려가면서 재경험(트라우마 Check!) → ②번 위치

---

111. 〈참고〉 Certified Practitioner & Master Practitioner of Time Line Therapy™, Dr Seol's Mind Institute), 2017

ref. ①번 위치를 생략하고 ④번 위치로 바로 가서 트라우마 Check! 할 수도 있다.
- ②번 위치에서 교훈 찾기로 진행할 수도 있다

4. 최초 사건 분리하기
   - ③번 위치로 이동하여 최초 사건이 발생된 ④번 위치를 향해서 내려다본다. (↘)
   - '어떻게 보이는가? 어떻게 느껴지는가?'
   - ④번 위치를 향해서 내려간다. (↘)
   - '어떻게 느껴지나? 어떤 일이 일어나나?'

(조각 치료)
   - ③번 위치로 복귀 (↘)

5. 교훈찾기
   : ②번 위치로 이동, 교훈찾기 - '그 사건이 아니었으면 깨달을 수 없었던, 그 사건이 있었기 때문에 미래의 내 인생에 도움이 되는 교훈 3가지를 찾아 본다.' (통찰)

6. 재경험
   - ④의 장소를 향해서 내려간다.
   - '어떻게 느껴지나? 어떤 일이 일어나나?'
   - 만약, 긍정적 변화가 없다면 4~6 여러 번 반복
   - 만약, 부정적 상황은 사라지고 긍정적인 변화가 일어났다고 보고한다면 '7. 미래확인' 진행

7. 미래 확인
   : 2년 후, 5년 후, 10년 후, 미래에 유사한 상황에 자신이 어떻게 하고 있는지 바라보고 행복하고 자신감 넘치는 삶의 모습을 담아서 현재의 위치로 돌아온다.

〈사례 조각 7. 학교폭력 트라우마〉

상담자 : 자, 눈을 감고 심호흡을 3번 합니다. 그리고 편안하게 호흡을 합니다. 지금, 몸이 편안해졌습니다. 몸이 가벼워집니다. 점점 가벼워져서 내 몸이 풍선처럼, 풍선이 되어 공중으로 점점 올라갑니다. 비행기 높이까지 올라갑니다. 아래가 어떻게 보여요. 불편한 마음 있나요?
내담자 : 학교가 보여요. 무서워요
상담자 : 네, 좋습니다. 비행기 높이 10배 높이로 올라갑니다. 100배 높이로 올라갑니다. 지구가 어떻게 보여요. 불편한 마음 있나요?
내담자 : 조그만 점처럼 보여요. 아무 느낌 없어요.
상담자 : 네, 좋아요. 거기서 시원한 공기를 맘껏 마십니다. 평온하고 안전한 공간입니다. 과거의 방향을 향해서 바라봅니다. 그리고 그 사건이 일어났을 과거의 사건의 상공으로 이동합니다.
내담자 : 네, 이동했어요. (②번 위치)
상담자 : 불편한 맘 있나요?
내담자 : 없어요.
상담자 : 잠시 후 아래로 내려갈 건데 불편하거나 힘들면 얘기해요. 천천히 사건이 발생한 장소로 내려가 봅니다.
내담자 : 무서워요.
상담자 : 네, 멈춰요. 다시 천천히 공중으로 올라갑니다. 아래가 점처럼 보일 때까지 올라갑니다. 어때요?
내담자 : 괜찮아요.
상담자 : 자 이제, 사건이 발생한 하루 전의 장소로 이동합니다. 학교폭력 사건이 발생하기 하루 전입니다. 아무것도 일어나지 않은 하루 전입니다.
내담자 : 이동했어요. (③번 위치)

상담자 : 거기서 과거의 사건이 발생하는 방향을 향해서 내려다봐요. 하루 전이
라 아무것도 없을 겁니다.

내담자 : 네, 아무것도 안 보여요. 아무렇지 않아요.

상담자 : 자, 하루 후에 사건이 발생하는 지점으로 내려갑니다.

내담자 : 네, 이동했어요. (④번 위치)

상담자 : 어때요, 무슨 일이 있나요?

내담자 : 애들이 모여 있어요, 두려워요.

상담자 : 네, (손을 쥐며) 선생님 손을 느껴 봐요.《진격의 거인》알죠. (조각 치료
시작) 지금보다 몸을 2배 키웁니다. 다시 4배 키웁니다. 어때요? 건물
이나 차들, 사람들이 어떻게 보여요?

내담자 : 작게 보여요. 제가 건물만큼 커요. 자동차가 발아래 보여요.

상담자 : 학교에서 아이들이 난리가 났네요. 무서워서 떨고 있네요. 자, 아까
모여 있는 아이들에게 갈게요. 커다란 파리를 잡듯 손으로 쥐어 봐요.

내담자 : 애들이 벌벌 떨고 있어요.

상담자 : 어떻게 할까요? 어떻게 하면 좋겠어요?

내담자 : 때리지 말고 야단만 치면 좋겠어요.

상담자 : 좋아요. 그 친구들한테 호통치세요.

내담자 : 너희, 까불지 마!

상담자 : 애들 표정이 어때요.

내담자 : 잘못했다고 사과하고 있어요. 무서워서 떨고 있어요.

상담자 : 지금 마음이 어때요.

내담자 : 기분 좋아요. 무섭지 않고 당당해요.

상담자 : 좋아요. 지금 아이들을 바라보고, 그들의 모습을 보세요. 그리고 내 안
에서 느끼는 강함 당당함을 오른쪽 주먹에 꽉 쥐세요. 그 강하고 당당
함 마음, 숨을 크게 쭉~ 들이쉬면서 주먹을 꽉 쥐고 내 온몸 가득히 채
웁니다. 이제부터, 이 마음은 당당한 마음입니다. (앵커링)

언제든 내가 주먹을 꼭 쥐면, 지금처럼 강하고 당당한 마음의 내가 됩니다. (후최면 암시)

자, 이제 거인이 된 나의 몸으로 학교를 돌아봅니다. 많은 친구가 나를 보고 웃고 좋아하는 모습을 봅니다. 선생님들도 있네요…. 자 이제, 가벼운 마음으로 몸으로, 다시 하루 전의 상공으로 돌아옵니다.

내담자 : 이동했어요. (③번 위치)

상담자 : 마음 어때요?

내담자 : 좋아요.

상담자 : 자, 사건이 발생한 하루 후의 사건 현장의 상공으로 이동합니다.

내담자 : 네, 상공입니다. (②번 위치)

상담자 : 이제, 지나간 사건의 경험을 통해서 교훈을 찾아 볼게요. '그 사건이 아니었으면 깨달을 수 없었던, 그 사건이 있었기 때문에 미래의 내 인생에 도움이 되는 교훈 3가지를 찾아 봅니다.'

내담자 : 운동을 해서 강해지자. 당당하게 대하자 ….

상담자 : 좋아요. 아래로 천천히 내려갑니다. (④번 위치)

친구들이 나를 보고 웃고 좋아하는 모습이 보입니다. 그리고, 나한테 혼나던 친구들도 구석에 있네요.

내담자 : 도착했어요.

상담자 : 어때요? '뭐, 누가 그러던데. 애들한테 맞고 힘들었다고, 그랬었다고, 그랬 었 었 다고….'

내담자 : 아니에요. 지금 아무렇지 않아요. 친구들이 좋아요. 학교도 좋아요.

상담자 : 좋아요. 이 기분 좋은 마음으로 다시 상공으로 돌아옵니다. 그리고 일주일도 미래, 한 달도 미래, 1년도 미래, 10년도 미래, 미래의 어느 날 사람들이 나를 힘들게 하는 상황이 펼쳐집니다. 교훈을 간직한 채 미래의 내가 어떻게 하고 있나요.

내담자 : 그냥, 자기 일을 열심히 해요. 신경 쓰지 않고.

상담자 : 그 모습 어떻게 보여요?

내담자 : 좋아 보여요. 당당해 보여요.

상담자 : 자, 숨을 크게 쭉~ 빨아들이면서, 미래의 당당한 나의 모습을 빨아들입니다. 그리고 나의 모습으로 채웁니다. 내 표정에서 당당한 미소가 드러납니다. 당당한 미소의 얼굴이 내 얼굴입니다.

(중략)

자, 이제 현재의 상담소 상공으로 돌아옵니다. 그리고 천천히 지금의 나와 하나 됩니다. 잠시 후에, 깨더라도, 이 당당한 모습, 당당한 미소로 깨어납니다.

하나, 둘, 셋. 깨어납니다.

내담자 : 신기해요.

상담자 : 기분 어때요?

내담자 : 좋아요.

상담자 : 학교 떠올려 봐요. 애들 떠올려 봐요.

내담자 : 좋아요.

상담자 : 누가 그러는데, 학교에서 뭐 어쩌고저쩌고 그랬다는데.

내담자 : 아니에요. 아무렇지 않아요. 이젠 아니에요.

메타모형 III (Meta 3)

⇒ [199쪽 참고] 부록. 사례별 치유 상세 소개 〈사례 6. 무서워!〉

EFT (Emotional Freedom Technique)

⇒ [199쪽 참고] 부록. 사례별 치유 상세 소개 〈사례 6. 무서워!〉

4. Self Training Check List

심리학, 신경과학, 의학적 관점에서 다양한 자료를 활용하여 내담자가 자신의 항상성을 유지하고 자기조절 능력을 향상하기 위하여 사용하는 방법이다.

기상	아침	일상	일상	일상	기준	일상	일상	일상
자고 일어나기 습관 만들기	자고 일어나서 힘 키우기	불안 걱정 TEB 안정	중요도 및 우선순위	시간 지키기	I'm Human	뇌 업그레이드	쾌락 중독 off	나쁜중독 습관 ↓ 좋은중독 습관
퍼뜩 일어나기	슈퍼 파워	안정패턴 습관	시간테이블 배분 진행	학교 등교 약속 시간	80% 완전이 안전이	신경 가소성	쾌락 중독 저울 평형 되찾고 쾌락 누리기	좋은중독 습관 전전두피질 활성화
	20초							

일상	일상	일상	일상	일상	일상	일상	일상	일상
단 하나의 작은 성공습관	의지력 근육	감정조절 능력 (녹자기 통제력)	부적응 행동 조절	부지런한 뇌	컨디션 관리	우울 (감)증 off	불안 우울 무기력 TEB 안정	부정 T off 반복 고민 신념
제자리 두는 습관	의지력 근육	자기 통제력	부정응 행동 조절	게으름 중독 · 무기력	도파민 프로락틴 고프로락틴혈증	우울 (감)증	E up 통제감 회복	파페츠 회로 전두엽 메타인지 생각하는것
	의지력 근육	감정 조절 자기 통제		부지런한 뇌	건강한 도파민 시스템	행동 반응 안 속아 움직여 + E up 통제감 회복		행동반응 생각하는

일상	일상	일상	일상	일상	일상	일상	일상	일상	일상
부정 T off 편집 강박	TE off 부정집중 상태	자기 성장	자기 성장	자기 성장	부적응 TEB 개선	자기 관리 TEB 안정	자기 관리 TEB 안정	자기 관리 TEB 안정	자기 관리 나아 가기
파페츠 회로 TE 정상화	파페츠 회로 부정 T·E 집중상태 변화 Stop + Moving	자존감 Up	성공의원	끌어당김	적응적 개선	426 맥박 호흡	Stop Zero	Stop Zero + 상태 Shift	Start Up
자주		자주	5분 자주	5분 자주		5분 자주	5분 자주	5분	5분

일상·오후			오후·저녁				저녁		
몸–마음 증상· 내부 자극	부정 습관 바꾸기	부정E 깨기	자기 관리	방향 목표	미래 설계	수면 전	긍정E pull up	자기 정화	자가 강화	수면훈 련
쬠쬠 힐링	LTD Like to Dislike	두드려 깨기	체력 기르기	인식 확장	미래 준비	SNS 멈추기	긍정 확언	심상화	멘탈 리허설	Zero 상태 + 인중 누르기
5분	5분	5분	30분	30분		시간	2분	10분	20분	취침 시간

5. 사례 List

- 사례 -	페이지
〈사례 1. 불안장애 청년〉	16p
〈사례 2. 강아지 공포증〉	22p
〈사례 3. 틱 청년〉	26p
〈사례 4. 욕먹은 공황장애 공익요원〉	38p
〈사례 5. 욕하던 공황장애 청년〉	40p
〈사례 6. 무서워!〉	116p
〈사례 7. 수족 냉증 아이〉	124p
〈사례 8. 후견인〉	74p
〈사례 9. 딸 키우기〉	97p
〈사례 10. 같은 증상 다른 원인, A·B〉	103p, 106p
〈사례 11. 몸이 마음이 된 아내〉	123p
〈사례 12. 배 째〉	56p
〈사례 13. 색안경 소녀〉	133p
〈사례 14. 덜컹덜컹〉	148p
〈사례 15. 강박, '씻기 중독'〉	225p

- 사례 상세 -	
〈사례 1. 불안장애 청년〉	192p
〈사례 6. 무서워!〉	199p
〈사례 13. 색안경 소녀〉	214p

- 사례 조각 -	
〈사례 조각 1. 신체·기질·환경의 부적응 아이들〉	79p

〈사례 조각 2. 심리문제에서 심리장애로, 부적응에서 범죄자로〉	54p
〈사례 조각 3. 습관으로 길들여진 몸과 마음〉	120p
〈사례 조각 4. 부정적 자아상의 회피 행동〉	132p
〈사례 조각 5. 우울증 전생최면〉	173p
〈사례 조각 6. 씻기 중독 中〉	252p
〈사례 조각 7. 학교폭력 트라우마〉	258p
〈사례 조각 8. 혼자 못 있는 아이〉	61p
〈사례 조각 9. 그래도 게임은 해야 하니깐!〉	65p

6. 참고 문헌 및 방송

[도서]

설기문, 《최면과 최면치료》, 학지사, 2000

HUGH GUNNISON, 《최면상담》, 설기문 역, 학지사, 2009

설기문, 《에릭슨최면과 심리치료》, 학지사, 2009

이정식, 《최면치료, 이렇게 한다》, 학지사, 2019

조셉 오코너·존 시모어, 《NLP 입문》, 설기문·이차연·남윤지·정동문·권오달·김행신 역, 학지사, 2010

Richard Bandler·John Grinder, 《NLP, 그 마법의 구조 1》, 박의순·김미숙·이찬종·허조은 역, 시그마프레스, 2013

Richard Bandler·John Grinder, 《NLP, 그 마법의 구조 2》, 박의순·김미숙·이찬종·허조은 역, 시그마프레스, 2013

김범영, 《마음이론》, 지식과감성#, 2017

이재진, 《너에게 끌려다니지 않을 자유》, 투리북스, 2015

이재진, 《마음의 역설》, 카시오페아, 2016

신대정·이경규, 《구속된 마음 자유를 상상하다》, 학지사, 2018

현용수·신대정·김문자, 《명상심리상담전략》, 행복한마음, 2023

밥 프록터, 《밥 프록터 부의 원리》, 이재경 역, 월북, 2023

조 디스펜자, 《브레이킹, 당신이라는 습관을 깨라》, 편기욱 역, 샨티, 2021

애나 렘키, 《도파민네이션》, 김두완 역, 흐름출판, 2022

사오TV, 《당신의 공부는 틀리지 않았다》, 다산북스, 2022

김문주, 《자폐와 아스퍼거 치료를 위한 의학적 접근법》, 와이겔리, 2024

[유튜브]

인사이트업 - 세계 최고 멘토들의 조언, "밥 프록터 - "무의식이 당신 삶을 망치도록 내버려두지 마세요" | 무의식 1편", https ://www.youtube.com/watch?v=hmpV7HcnYpE

인사이트업 - 세계 최고 멘토들의 조언, "밥 프록터 - "무의식을 바꾸는 방법을 알고 싶나요? 너무 쉬워 사람들이 믿지를 않네요" | 무의식 2편", www.youtube.com/watch?v=4tewsYQjDS4

[책추남TV] 책 추천해 주는 남자, "[재출간] 새로운 나, 새로운 미래, 새로운 운명을 창조하라! | 조 디스펜자의 브레이킹 | Breaking the Habit of Being Yourself", www.youtube.com/watch?v=PD5WBqFp8Rk

한국심리교육원, "[김범영의 심리포럼] 치료과정(사람과 인간의 개념이 중요한 이유)", www.youtube.com/watch?v=n6nOmC9gY&t=31s

한국심리교육원, "[심리포럼] 심리장애의 이해와 치료", www.youtube.com/watch?v=cMkGQMAN60

한국심리교육원, "[김범영의 심리포럼] 사람의 마음이 모두 다르다고 생각하는 이유(마음과 심리의 차이)", www.youtube.com/watch?v=pEdR7yoDYH8

한국심리교육원, "[심리포럼] 심리상태를 점검하는 방법과 치료의 시기", www.youtube.com/watch?v=vuTR3v7DK0A

한국심리교육원, "중독의 위험성, 중독의 원리와 치료(중독치료가 어려운 이유)", www.youtube.com/watch?v=XOvIQpvoVD4

안될과학 Unrealscience, "마약, 알코올이 뇌를 망가뜨리는 원리? 치료법

연구는 어디까지 왔을까?! (한국한의학연구원 서수연 박사)", www.youtube.com/watch?v=gjLZGRVuKkI

브레인프로뇌과학과 자기계발의 모든것, "도파민 중독 원리편 [집중력과 의지력이 낮아진 뇌를 회복할 수 있다.] | 성공하는법,세로토닌, 뇌과학, 미루기, 습관", www.youtube.com/watch?v=GMmjT9e4GZs

사오TV, "나쁜 생각은 왜 멈추지 않는 걸까? | 뇌과학, 불안, 수험생", www.youtube.com/watch?v=jYTZVhAg4

닥터토마토, "아스퍼거증후군 ADHD 공통점 & 차이점?", www.youtube.com/watch?v=9EJfWWerIuA

닥터토마토, "아스퍼거증후군 자가진단법", www.youtube.com/watch?v=AoTlGCMzQE

닥터토마토, "자폐증 원인 자율신경장애 4가지 증상 : 불안공포장애, 소화장애, 수면불안정, 각성조절장애", www.youtube.com/watch?v=ErL6tZjlGMs

정신과의사 뇌부자들, "정신과 의사가 알려주는 사회적 의사소통 장애! 자폐와는 다릅니다.", www.youtube.com/watch?v=XPPbgyAI7g0

오상신경외과, "자율신경이란 무엇인지?, 자율신경실조증과 스트레스의 연관성", https://www.youtube.com/watch?v=WgUjNSuYuQY

오상신경외과, "자율신경실조증과 정신과 증상이 별개의 문제가 아닌 이유", www.youtube.com/watch?v=ONBR8QPmtgs

강남허준 박용환tv, "숨만 잘 쉬어도 공황장애, 우울, 스트레스, 긴장, 초조, 불안증을 조절할 수 있습니다", www.youtube.com/watch?v=rghGiccwL9o

정라레Lifestyle Doctor, "꿀벌호흡 하루 1분 꼭 하세요! 약 없이 자율신경실조증 치료하기", www.youtube.com/watch?v=xK-YgDOwCtI

터닝포인트 - 위대한 성공의 시작점,"실제 강의 | 끌어당김의 법칙 주인공 #밥

프록터", www.youtube.com/watch?v=fEMUrcpjIPk

터닝포인트 - 위대한 성공의 시작점, "하루 한시간을 세상에서 가장 효율적으로 쓰는 방법.. #찰리몰리 #낮잠의비밀", www.youtube.com/watch?v=svQcd-f3k9og&t=396s

전미아의 랜선육아, "TCI기질검사, 해석하는 방법! 서대문든든어린이집과 프롬맘이 함께한 육아강의 (2) | 자극추구, 위험 회피 | 프롬맘 아동심리 상담센터 전미아 원장", www.youtube.com/watch?v=azsJT5xLAv8&t=1s

[교육][연수]

최면프랙티셔너, 설기문마음연구소, 2016

ErickSonian Hypnotherapy Practitioner, Korean NLP&Hypnosis Academy, 2016

Certified Practitioner & Master Practitioner of Time Line Therapy™, Dr Seol's Mind Institute), 2017

Certified Master Practitioner of Neuro-Linguistic Programming, Dr Seol's Mind Institute, 2017

에니어그램 전문강사(에니어그램심리연구소), 2010

TCI 기질 및 성격 검사 교육연수(2023), 한양사이버대학교 상담심리학과 유성진 교수, 비움심리상담센터-연구회

감사의 말

언제나 지지해 주고 격려해 주는 사랑하는 아내에게 감사드립니다.

청소년·청년 심리치유 모델을 연구하고 발전시키는 과정에서, 상담의 한계를 넘어 치유의 단계로 이끌어 주시고 성장시켜 주신 설기문 교수님과 누님 같은 사모님께 감사드립니다.

인간이 경험하고 부적응하는 문제를 이해하고 돕기 위한 다양한 이론과 설명을 '교육·도서·유튜브'로 공유해 주고 게재를 허락해 주신 월북 출판사와 샨티 출판사, 그리고 김범영 대표님, 이재진 대표님, 김문주 대표원장, 서수연 박사님, 유튜브 안될과학 님, 유튜브 브레인프로 님, 유튜브 정신과의사 뇌부자들 님께 감사 드립니다.

전자책 출간을 권하시고 작성 실무에 도움을 주신 신대정 대표님께 감사 드립니다.